Je vous ai tant cherchée
de Pauline Gill et Normay Saint-Pierre
est le neuf cent soixante-cinquième ouvrage
publié chez VLB ÉDITEUR

VLB ÉDITEUR ·
Groupe Ville-Marie Littérature inc.
Une compagnie de Quebecor Media
Vice-président à l'édition : Martin Balthazar
1010, rue de La Gauchetière Est
Montréal (Québec) H2L 2N5
Tél. : 514 523-1182
Téléc. : 514 282-7530
Courriel : vml@groupevml.com

Éditeur : Stéphane Berthomet
Direction littéraire : David Clerson
Maquette de la couverture : Véronique Giguère

Catalogage avant publication de Bibliothèque et Archives nationales
du Québec et Bibliothèque et Archives Canada

Gill, Pauline
    Je vous ai tant cherchée
    ISBN 978-2-89649-357-9
    1. Saint-Pierre, Normay, 1945-   . 2. Parents naturels - Québec (Province) -
Identification. 3. Enfants adoptés - Québec (Province) - Biographies. I. Saint-Pierre,
Normay, 1945-   . II. Titre.
HV874.82.S24G54 2012   362.734092   C2012-940713-5

DISTRIBUTEURS EXCLUSIFS
• Pour le Québec, le Canada
  et les États-Unis :
  LES MESSAGERIES ADP*
  2315, rue de la Province
  Longueuil (Québec) J4G 1G4
  Tél. : 450 640-1237
  Téléc. : 450 674-6237
  *filiale du Groupe Sogides inc.,
  filiale de Quebecor Media inc.

• Pour l'Europe :
  Librairie du Québec / DNM
  30, rue Gay-Lussac
  75005 Paris
  Tél. : 01 43 54 49 02
  Téléc. : 01 43 54 39 15
  Courriel : direction@librairieduquebec.fr
  Site internet : www.librairieduquebec.fr

Pour en savoir davantage sur nos publications,
visitez notre site : editionsvlb.com
Autres sites à visiter : editionshexagone.com • editionstypo.com

Dépôt légal : 2e trimestre 2012
Bibliothèque et Archives nationales du Québec, 2012
Bibliothèque et Archives Canada

JE VOUS AI TANT CHERCHÉE

AUTRES LIVRES DE PAULINE GILL

La porte ouverte, Montréal, Éditions du Méridien, 1990.

Les enfants de Duplessis, Montréal, Libre Expression, 1991.

Le château retrouvé, Montréal, Libre Expression, 1996.

Dans l'attente d'un oui, Montréal, Édimag, 1997.

La cordonnière, Montréal, VLB éditeur, coll. « Roman », 1998 ; Typo, coll. « Grands romans », 2010.

La jeunesse de la cordonnière, Montréal, VLB éditeur, coll. « Roman », 1999 ; Typo, coll. « Grands romans », 2010.

Le testament de la cordonnière, Montréal, VLB éditeur, coll. « Roman », 2000 ; Typo, coll. « Grands romans », 2011

Et pourtant elle chantait, Montréal, VLB éditeur, coll. « Roman », 2001.

Les fils de la cordonnière, Montréal, VLB éditeur, coll. « Roman », 2003.

Marie-Antoinette, la dame de la rivière Rouge, Montréal, Québec Amérique, 2005.

Docteure Irma, t. I : *La louve blanche*, Montréal, Québec Amérique, 2006.

Dans les yeux de Nathan, Moncton, Bouton d'or d'Acadie, 2006.

Le miracle de Juliette, Montréal, Éditions Phoenix, 2007.

Évangéline et Gabriel, Montréal, Lanctôt éditeur, 2007.

Docteure Irma, t. II : *L'indomptable*, Montréal, Québec Amérique, 2008.

Docteure Irma, t. III : *La soliste*, Montréal, Québec Amérique, 2009.

Samuel chez les Abénakis, Québec, Éditions Cornac, 2011

Gaby Bernier, t. I, Montréal, Québec Amérique, 2012

Pauline Gill
Normay Saint-Pierre

JE VOUS AI TANT CHERCHÉE

témoignage

vlb éditeur
Une compagnie de Quebecor Media

VLB éditeur bénéficie du soutien de la Société de développement des entreprises culturelles du Québec (SODEC) pour son programme d'édition.

Gouvernement du Québec – Programme de crédit d'impôt pour l'édition de livres – Gestion SODEC.

Nous reconnaissons l'aide financière du gouvernement du Canada par l'entremise du Fonds du livre du Canada pour nos activités d'édition.

Nous remercions le Conseil des Arts du Canada de l'aide accordée à notre programme de publication.

À ceux et celles qui, comme Lise Le Bel,
Sylvie Noël, Francine Germain,
et Caroline Fortin, présidente
du Mouvement Retrouvailles,
ont cru en la publication de cet ouvrage,
je dis toute ma reconnaissance.

NORMAY SAINT-PIERRE

PROLOGUE

Je vous entends, lectrices et lecteurs, vous écrier : « À soixante-cinq ans ? Publier sa biographie ? Mais pour qui se prend-elle ? »

Vous auriez raison si ce livre prétendait témoigner d'un modèle à suivre. S'il tentait de dissimuler un règlement de comptes ou de forcer la main de quelqu'un.

Cet ouvrage aurait pu être tout cela, mais il n'en est rien.

Je viens ici vous avouer que ce livre, c'est mon bébé. C'est l'enfant que je n'ai jamais eu et que je n'aurai jamais. Et c'est plus encore... C'est aussi cet enfant en moi que j'ai dû réapprivoiser au fil des bonheurs, mais aussi de pénibles souffrances.

Si j'ai choisi la place publique pour livrer mes confidences, c'est que la place publique m'a choisie dès ma naissance et qu'elle m'a tenu lieu de tribune à chacun des événements marquants de ma vie. À preuve, j'ai fait ma première apparition sur scène à l'âge d'une minute, au milieu d'une quinzaine de spectateurs, avant d'être arrachée à ma mère sans même qu'elle ait pu me prendre dans ses bras.

Ce livre, c'est la modeste histoire d'une enfant enlevée à celle qui lui a donné le jour, et qui, privée de ses racines, choisit malgré tout de vivre. C'est celle d'une enfant qui aurait pu cheminer dans un désert affectif, mais qui sut vivre comme une enfant de l'amour.

Normay Saint-Pierre

CHAPITRE I

Je n'avais pas su lui résister.

À l'aventure la plus fascinante et la plus témé-
raire de toute ma vie, je venais de dire oui. Un oui
irréfléchi. Lourd de conséquences. Que je l'assume
ou non, ma crédibilité et mon honneur étaient
en jeu.

Le soleil flamboyant d'octobre qui miroitait
sur les toitures du Vieux-Québec semblait se moquer
de mon incertitude, narguer mon désarroi. Mais
de même que ses rayons illuminaient la ville au lever
du jour, je décidai, après une nuit tumultueuse,
remplie d'hésitation, de braver le destin plutôt que
de revenir sur ma décision, si osée soit-elle.

Le moment fatidique était venu : je devais
trouver l'assurance, les mots et le ton requis pour
téléphoner à M. le directeur. Fallait-il battre des
cils ou foncer comme un taureau dans l'arène ?

— On m'a informée que je devrais préparer
ce téléthon de la paralysie cérébrale avec vous, lui
dis-je après les salutations d'usage.

—Ce sera avec plaisir, me répondit aussitôt M. Lamontagne.

Ce qui aurait dû me rassurer…

—À quel moment pourrions-nous nous rencontrer pour bâtir la *cue sheet* ?

Le mot était lancé. Le seul que j'avais appris de mon nouveau métier ; ça signifiait « feuille de minutage », une amie me l'avait appris.

—Dès demain matin, madame Saint-Pierre. Ça me fera tellement plaisir de travailler avec quelqu'un qui s'y connaît.

J'avais relevé le premier défi. D'autres, non moins périlleux, m'attendaient. Je devais trouver le courage d'avouer à ce gentil monsieur, au risque de le décevoir et d'être éconduite, que je n'avais jamais travaillé pour la télévision.

Une fois de plus, je m'étais laissé prendre au piège d'un défi. Si la dame qui m'avait engagée s'était montrée quelque peu imprudente en m'offrant ce contrat, je me trouvais maintenant stupide de l'avoir accepté. « Une folie de plus dans ma vie », m'avouai-je en repensant aux emplois que j'avais occupés précédemment, mais plus encore aux nombreux coups pendables que j'avais commis au cours de mes trente-quatre tours de calendrier. Mon année 1978 n'allait pas être moins extravagante que les autres.

Je n'avais que sept ans lorsque, à cause de moi, mes parents (à vrai dire, ceux que je considérais comme tels) s'étaient querellés pour la première et la dernière fois de leur vie. Du moins devant moi. Empressée plus que d'habitude, j'avais, ce matin-là, glissé dans mon sac d'école les ciseaux de couturière de ma mère, résolue à me venger de celle qui, parmi les trois nouvelles élèves de ma classe, m'avait battue, puis accusée de commérage auprès de l'institutrice. Elle apprendrait, la petite nouvelle, et tous les autres avec elle, que Normande Saint-Pierre (on ne m'appelait pas encore Normay) ne se fait pas mettre à genoux deux fois devant la classe et traiter d'enfant adoptée par la maîtresse, sans réagir. Pour exécuter mon plan, j'attendais le moment propice, qui se présenta lorsque la professeure nous tourna le dos pour écrire au tableau. À la grande stupéfaction des témoins, de deux coups de ciseaux je coupai les jolies tresses de la petite peste assise juste devant moi.

Conduite chez la directrice, à qui je dus rendre l'arme de mon crime, je fus sommée d'attendre là que ma mère, convoquée au bureau, vienne reprendre ses ciseaux et récupérer sa fille. Et pour que la leçon porte davantage, c'est en sa présence que je fus semoncée et informée que j'étais renvoyée de l'école pour trois jours. Nullement chagrinée de ce retrait, je me sentais cependant rongée du remords d'avoir pris les ciseaux de ma mère en cachette. Je trouvais justifié qu'elle m'en fasse reproche et me confine à ma chambre. Toutefois, quelle ne fut pas ma surprise, tôt après le souper, d'entendre la mère de la jeune fille venir, tresses en main, porter plainte à mes parents, Ovide et Yvonne Saint-Pierre, pour l'horrible méfait que j'avais commis. Enfermée dans ma chambre, je me rongeais de honte et de regret.

—Comptez sur moi, lui promit mon père. Avec la fessée qui l'attend, ma fille ne recommencera plus, je vous le jure.

Je n'avais jamais entendu de tels propos de sa bouche. Jamais non plus il n'avait levé la main sur moi. Profondément affligée et tremblante de peur, j'attendais, recroquevillée sous mes couvertures, le moment fatidique où il viendrait accomplir sa promesse.

La porte de ma chambre grinça, et je le vis apparaître. Le visage froid et le ton d'une exceptionnelle austérité, il m'ordonna de le regarder dans les yeux :

—Écoute bien ce que je vais te dire, ma petite fille. Ne te laisse jamais monter sur la tête. Tu m'entends ?

Pour la deuxième fois de la soirée, j'étais stupéfaite. Non seulement avais-je évité la fessée, mais je venais de retrouver mon père. Cette indulgence allait, hélas, soulever l'indignation de ma mère et plonger mes parents dans un profond désaccord. Peu habituée aux scènes de ménage, j'en fus effrayée. Réfractaire à toute forme de réclusion, voilà que je bénissais les murs de ma chambre, ce rempart qui me protégeait de la colère de mon père et de ma mère. Possiblement épuisée par les émotions de la journée, j'avais trouvé le sommeil, semble-t-il, lorsque, de nouveau réconciliés, ils étaient venus m'autoriser à sortir de ma chambre.

En revivant cette scène aujourd'hui, je croyais entendre mon père m'exhorter au courage, mais je doutais qu'il approuve le risque que je venais de prendre en m'engageant dans le merveilleux monde du spectacle, avec, pour tout bagage, l'école secondaire terminée d'arrache-pied et quelques mois de formation en animation radiophonique et télévisuelle. Je devais cependant reconnaître que mes parents avaient toujours respecté mes choix, même celui de quitter mon patelin pour me transplanter en ville, sans métier.

Ce climat de liberté était pour moi associé à la marginalité dans laquelle j'avais vécu mon enfance et qui, l'avais-je appris à mes dépens, devait marquer mon destin et ma personnalité. Que, dans les années 1940, mes parents ne m'aient jamais confiée à une gardienne, m'emmenant partout, peu importe l'heure et l'événement, étonnait la parenté. La seule exception à cette règle fut faite lors de l'hospitalisation de ma mère. Je n'avais en effet que quatre ans lorsque mon père dut me conduire chez une tante, qui trouva l'occasion toute désignée pour me sevrer de mon biberon.

— Tu veux que ta maman revienne un jour te chercher ? Eh bien, donne-le-moi. Tu es assez grande maintenant pour t'en passer.

Je lui lançai la bouteille, qui éclata en mille miettes sur le poêle de la cuisine. Cette tante venait de m'enlever, avec mon biberon, non seulement le goût du lait, mais aussi la certitude de n'être jamais rejetée. À partir de ce jour, sans que j'en sois trop consciente, je vécus les maladies de mes parents comme autant d'abandons. Malgré l'amour indéniable que ceux-ci me portaient, je dus me bâtir une sécurité intérieure. Il devint très clair dans mon esprit que, ayant été abandonnée une fois, je risquais de l'être à nouveau, mais que, ayant déjà été choisie, je pouvais l'être encore et être de ce fait privilégiée. C'est ainsi que, sans trop comprendre en quoi le mot « adopté », que j'entendais de la bouche des adultes, me singularisait, j'eus l'instinct de voir les bons côtés de cette particularité qui aurait pu me perturber. « On t'a choisie pour ton sourire », m'avait appris ma mère, sans que j'aie eu à la questionner. Et comme mon père, menuisier de son métier, obligeait sa famille à déménager très souvent, j'avais à me remémorer cette phrase chaque fois que je devais refaire ma place dans une nouvelle école. J'avais été choisie et je le serais encore. L'événement des tresses coupées m'avait sur ce point donné raison : en osant quelque chose que peu de mes compagnons et compagnes se seraient permis, j'étais devenue leur héros, leur vedette. Mon besoin de me faire remarquer (tant qu'à être différente…) était comblé, et pour long-temps, pensais-je, jusqu'au moment où je découvris que mon père avait de nouveau décroché ma balan-çoire dans le sous-sol. Nous allions encore démé-nager et je devrais me refaire une place dans un nouveau quartier.

De Sayabec, en Matapédia, à Matane, puis de Matane à Rimouski, et de Rimouski à Québec, nos nombreuses migrations ne se firent pas sans quelques ennuis pour moi, contrairement à ma mère, qui semblait s'en accommoder aisément. Mon expérience scolaire, entre autres, fut éprou-vante : discipline, austérité, devoirs à faire, leçons à apprendre. Tout cela contrastait tellement avec le climat de liberté qui m'était offert à la maison qu'à chaque nouveau professeur incombait la tâche de me mettre au pas. Il va sans dire que j'étais vite identifiée comme la petite peste de la classe.

Heureusement, sans que j'aie beaucoup à travailler, je présentais des bulletins fort respectables, et je me faisais des amis facilement. Mes petites voisines devenaient vite mes complices. L'une d'entre elles m'entraîna un jour dans une aventure qui mit toute la paroisse sur un pied d'alerte.

Ne répondant pas à l'appel à l'heure du dîner, Normande Saint-Pierre et Nicole Deschênes, la fille du bedeau, toutes deux âgées de sept ans, étaient portées disparues. Une équipe de chercheurs frappa à toutes les portes du village tandis qu'une autre ratissait rues et boisés. Les parents présumaient que, vu la pluie torrentielle qui s'était abattue sur la région ce jour-là, les fillettes ne pouvaient être demeurées à l'extérieur toute la journée. Une fouille fut entreprise dans l'église, où la petite Nicole avait l'habitude d'accompagner son père. Autre démarche stérile. La noirceur s'installait dans les sous-bois et les bâtiments, semant la panique dans le village. Une dame dévote vint-elle, en désespoir de cause, s'agenouiller devant l'autel et implorer tous les saints de venir en aide aux villageois, qu'une voix se fit entendre. Ce n'était pas celle de la Vierge, mais une plainte lointaine, celle d'un enfant. Presque aussitôt émis, ces gémissements à peine perceptibles se perdaient dans la voûte du sanctuaire, ce qui en rendait la provenance difficile à identifier. À celui qui se hasarda à grimper au jubé fut réservée la surprise d'y découvrir les deux fillettes, recroquevillées dans un cagibi, à demi conscientes. Incapables de se tenir debout, elles étaient prises de nausées et de vomissements au moindre mouvement. « Que leur est-il donc arrivé ? » se demandaient leurs parents, lorsque l'un d'eux aperçut, au fond du repaire, la bouteille presque vide de ce précieux élixir qu'elles avaient trouvée dans la sacristie.

Cette fois, je n'avais pas voulu mal faire. Même que je n'avais pas tellement apprécié le goût de cette liqueur d'un rouge des plus séduisants. Il devait en être tout autrement de M. le curé, pensais-je, puisqu'il songeait à retarder ma première communion pour me punir d'avoir bu son vin. Moins docile que Nicole, je quittai notre cher pasteur en marmonnant : « Je vais aller communier pareil… » À sept ans, j'avais pris ma première cuite et nargué M. le curé.

Ainsi se dessinait, à mon insu, un chemin de vie d'apparence banale, mais qui faisait dire à mes proches : « Elle ne fait jamais rien comme les autres, celle-là. » Pour le meilleur et parfois pour le pire, j'eus à me faire à cette idée et à ne plus me surprendre de rien. Bien que les événements se soient portés complices pour me convaincre de cette réalité, je n'aurais tout de même jamais imaginé que des années plus tard ma vie puisse basculer au point de passer du S.B. (*show-business*) au B.S. (bien-être social), de la compagnie des artistes les plus recherchés à un anonymat qui inspire le goût d'en finir... avec la vie. Du fait que parmi mes connaissances certains étaient passés à l'acte, je ne saurais attribuer ma survie à autre chose qu'à certains de mes souvenirs d'enfance.

Ma mère, de nature plus autoritaire que mon père, m'apportait beaucoup de compréhension, prenant toujours le temps de m'expliquer les raisons de ses exigences et de ses désaccords. C'est avec elle que j'ai développé mon goût pour la musique, bien que j'aie dû me rendre compte assez vite que je n'étais douée ni pour l'accordéon ni pour le violon, qu'elle essayait de m'apprendre à l'insu de mon père. Je me suis donc rabattue sur mes cordes vocales, que je maîtrisai assez habilement, si j'en crois les demandes qu'on m'adressait lors des réunions de famille et des fêtes de quartier.

Comme beaucoup de petites filles, j'éprouvais une grande admiration pour mon père. J'aimais le suivre partout sur les chantiers de construction. Outillée d'un marteau à ma mesure, je ne devais revêtir ma salopette qu'une fois montée dans le camion, ma mère n'appréciant pas que sa fille unique porte ce genre d'accoutrement. L'enfant qu'elle avait vue grandir jusqu'à l'âge de trois ans, puis qu'elle avait perdue, aurait-elle été plus féminine que moi ? Je n'en ai jamais douté. Je me suis souvent demandé ce que je serais devenue si cette petite avait survécu ? Y penser me donnait le vertige. Je ne pouvais concevoir ma vie sans la présence d'Ovide et d'Yvonne Saint-Pierre.

Je me vois encore, aux coups de l'angélus, rejoindre les ouvriers qui travaillaient avec mon père et sortir la petite boîte à lunch dans laquelle ma mère ne manquait jamais de placer une surprise. La plupart du temps, c'était une tablette de chocolat. À ces égards mon père ajoutait les siens, sous l'œil approbateur de ses hommes à gages :

— J'en connais pas de plus experte que ma Normande pour décrochir des clous, disait-il avec fierté.

C'était le parfait bonheur. Et quand, vingt ans plus tard, la vie m'assena de durs coups, je ne sombrai pas dans le désespoir, pensant qu'elle me réservait sans doute d'autres douceurs, comme jadis, une tablette de chocolat dans ma boîte... ou comme ce directeur, en ce splendide matin d'octobre 1978, à qui j'avouai vivre l'expérience d'organiser un téléthon pour la première fois, et qui répliqua dans un éclat de rire :

— On va bien s'entendre, moi aussi c'est ma première expérience !

« Ça commence bien », me dis-je. Et il me fallut moins de deux heures de rencontre pour trouver M. Lamontagne fort sympathique. Je quittai son bureau le cœur rempli d'assurance, mais les bras chargés de dossiers.

Comme nouveau défi, j'avais le mandat de trouver soixante artistes et je disposais de trois semaines pour y parvenir. J'étais revenue à la case départ : « Comment faire, maintenant que j'ai dit oui ? Comment aborde-t-on ces gens ? » Désemparée, je pensai, comme à chaque fois qu'il m'arrivait un pépin : « J'aurais donc dû mourir p'tit bébé. » Je n'avais d'autre choix que d'avouer mon embarras à Mme Pauline Demers, la grande responsable de cette vertigineuse escalade.

— Comment voulez-vous que je trouve tout ce monde, je ne les connais pas.

— Eux non plus ne te connaissent pas, répliqua-t-elle, d'un ton moqueur.

De nature aventurière, j'étais servie au-delà de mes espérances. Je me retrouvais comme à l'été de mes sept ans où, à l'insu de mes parents, j'avais pris l'autobus pour Rimouski, affirmant au chauf-

feur, qui nous connaissait bien, que ma
m'envoyait en promenade chez une de mes t
Vingt-cinq ans plus tard, j'éprouvais un peu plus
de crainte à la pensée de m'égarer en chemin. Le
risque était présent en dépit des expériences que
j'avais accumulées au cours de mes dix années de
travail. Au hasard des connaissances glanées sur
ma route, j'avais appris, lors de quelques séances
d'animation auprès des personnes âgées, qu'il
existait une association d'artistes à Québec. Il
était fort plausible qu'elle ait publié son bottin.
En m'adressant à cette union, je découvris que
Montréal avait aussi la sienne. Déboutée à Québec pour avoir dévoilé que mes invités devraient
se produire bénévolement, je m'adressai dans la
grande métropole à l'Union des artistes, qui accepta
chaleureusement de me faire parvenir son bottin
par messager.

En attendant cet indispensable outil, je partis
à la cueillette de tous les journaux disponibles en
kiosque. L'un d'eux mentionnait que M. Yvon Deschamps, humoriste, se produisait à la Place-des-
Arts, à Montréal. Le plus naïvement du monde, je
téléphonai le soir même à la salle de spectacle.
Miracle! Une voix masculine me répondit:

—C'est absolument impossible de parler à
M. Deschamps pour le moment. Est-ce urgent?

Séance tenante, je déballai le discours récemment mémorisé sur les besoins des personnes handicapées, sur l'urgence d'organiser une collecte de fonds en leur faveur et sur l'indispensable contribution des artistes à cette cause. Ouf! Du même souffle, de peur d'être interrompue, je demandai à quelle heure je pourrais rappeler M. Deschamps, sans me douter que je réclamais là un privilège réservé à l'élite du milieu artistique.

— Laissez-nous votre numéro de téléphone, madame. On va voir ce qu'on peut faire.

« On va voir ce qu'on peut faire... tu parles d'une réponse! » pensai-je, ne sachant si cette formule, que je croyais réservée au milieu des affaires, devait m'inspirer espoir ou méfiance. Mon appel de dix-neuf heures étant demeuré sans réponse, je fus tentée de rappeler vers vingt et une heures trente. Devrais-je ou ne devrais-je pas? L'index sur l'appareil, je m'arrêtai avant de composer le dernier chiffre de peur d'indisposer le personnel. Grillant cigarette sur cigarette, je parvins à différer mon appel jusqu'à vingt-deux heures trente, l'attente maximale à laquelle mon « calme énervant » pouvait consentir. « Quelle chance! » me dis-je, en reconnaissant la voix de mon interlocuteur.

— Je vous ai dit qu'on s'en occuperait, madame, répéta-t-il, après que j'eus de nouveau fait valoir la cause que je représentais.

Le ton, plus que les mots, ébranla mon optimisme, et je décidai de ne plus rien attendre de cette soirée éprouvante. Les journaux du lendemain sauraient sans doute me guider plus efficacement.

Il était passé vingt-trois heures lorsque la sonnerie du téléphone me fit sursauter. Dans l'état comateux d'un demi-sommeil, je me demandai qui pouvait bien avoir l'insolence d'appeler chez moi à cette heure.

— Madame Saint-Pierre ?

Un homme, en plus, me dis-je.

— Oui, c'est bien moi. Qui est-ce ?

— Yvon Deschamps. Vous aviez quelque chose d'urgent ?

En une fraction de seconde, mon influx nerveux martela mon cerveau de milliers de chocs.

« C'est lui ! C'est M. Deschamps ! Mais qu'est-ce que je devais lui dire ? » L'énervement me fit bredouiller. Je parvins tant bien que mal à retrouver mes esprits et à me souvenir de ce même discours tant de fois répété. Il m'interrompit aussitôt, me suppliant d'en venir au fait.

— Mercredi prochain, au restaurant Au bon trou du cru, l'ancien Café des artistes, boulevard Dorchester, vers midi, conclut-il, impatient de raccrocher.

Complètement ébahie, je restai là à regarder mon récepteur. Un fol enchantement ne tarda cependant pas à me gagner. Ne tenant plus en place, j'osai, malgré l'heure fort tardive, communiquer la bonne nouvelle à ma patronne. Sa réaction fut telle que je ne sus si elle criait de colère parce que je l'avais réveillée ou si elle riait aux éclats. J'appris, avec le temps, que lorsqu'elle riait, elle criait aussi.

« Ce n'est pas parce qu'une armée est en place que la bataille est gagnée », me dis-je, le lendemain matin. Un artiste, et non le moindre, me concédait un rendez-vous, j'en étais drôlement fière, mais il n'avait encore rien signé. Et qui plus est, je devais aller en chercher cinquante-neuf autres. Ma coupe fut sur le point de déborder lorsque j'appris que, pour ces soixante artistes, il fallait des musiciens et un chef d'orchestre. Je n'en connaissais aucun et, pour les trouver, j'ignorais vers quelle ressource me tourner, si jamais elle existait.

— Pour une cause comme celle de la paralysie cérébrale, M. Jacques Côté se fera un plaisir de diriger l'orchestre, m'affirma M. Jean-Guy Ouimet, dit Donat, organisateur du Carnaval de Québec, à qui ma patronne m'avait conseillé de faire appel.

Une première conversation téléphonique avec ce M. Côté confirma les dires de M. Ouimet. Le soir même, je rencontrai le musicien, un homme d'une qualité remarquable, mais qui me mit dans l'embarras le plus total. Mon interlocuteur présentait un handicap visuel. «Comment pourrait-il diriger un orchestre ? Pourquoi M. Ouimet me l'avait-il recommandé ? Aurait-il mal compris ma demande ?» me demandai-je. Or, il était inconvenant de faire marche arrière et tout aussi risqué de retenir ses services. Le perçut-il qu'il s'évertua, pendant trois heures, à me persuader du contraire. Gagner ma confiance, c'était une chose, mais décrocher l'approbation de l'équipe de production en était une autre. Ce brave homme semblait l'ignorer. J'étais troublée jusqu'à ne plus savoir lequel de nous deux souffrait vraiment de cécité.

D'une affabilité remarquable, M. Côté m'avait offert, au fil de notre conversation, d'utiliser ses propres relations pour m'aider à recruter mes artistes.

—Appelle Ginette Reno, à Montréal, me suggéra-t-il, avec une assurance que je ne partageais pas.

À court d'arguments, j'alléguai que je ne connaissais pas très bien Montréal, taisant, eu égard à ma dignité, que le sens de l'orientation me faisait défaut au point de me perdre encore dans la ville que j'habitais depuis plus de dix ans.

—Je peux t'accompagner, si tu veux, me dit M. Côté.

Décidément, cet homme ne cessait de me dérouter.

— Je vous ferai signe, lui répondis-je, faute, d'une part, de ne pouvoir exprimer mes craintes sans le blesser et, d'autre part, de lui révéler une autre de mes réticences à recruter Mme Reno.

À mon arrivée à Québec, quelques années plus tôt, conciliant le goût du défi et la nécessité de gagner mon pain, j'étais allée, avec ma copine d'aventure, frapper à la porte de la Librairie Garneau. Auprès des demoiselles propriétaires, j'avais joué ma complainte de notre condition de filles de la campagne sans le sou, en quête d'un travail pour notre survie. Contrairement à ce que j'avais déclaré lors de l'entrevue d'embauche, je n'avais aucune expérience pour le travail qu'elles avaient à offrir. Le hasard voulut de surcroît que ma première cliente soit une vedette de grande réputation au Québec.

— Tu t'en es fort bien tirée pour une première vente, surtout avec une cliente exigeante comme elle, était venue me dire la vendeuse chargée de me superviser.

— Vous la connaissez ? lui demandai-je.

— Mais tu ne connais pas Ginette Reno… la grande chanteuse ?

— Je ne suis pas de Québec. Je suis arrivée de Rimouski depuis quelques jours seulement…

Il était fort probable qu'en me voyant, Mme Reno reconnaisse la jeune commis qui, treize ans plus tôt, lui avait vendu une plume Waterman à la Librairie Garneau. Comme mon visage, à nul autre comparable, se grave généralement dans la mémoire des gens, il avait dû imprégner celle de la chanteuse pendant les quinze minutes que j'avais mises à conclure ma première vente. Dans la conjecture la plus optimiste, Mme Reno admettrait que j'avais drôlement cheminé et supposerait que j'avais dû faire des études universitaires depuis mon passage à la Librairie Garneau.

Consciente de l'importance de recruter une chanteuse d'un tel talent et d'une telle renommée pour mon premier téléthon, je ne devais rien sacrifier qui puisse favoriser ma démarche. Ou j'acceptais l'offre de M. Jacques Côté, ou je recourais de nouveau à M. Jean-Guy Ouimet, celui qui m'avait présenté ce dévoué chef d'orchestre et qui connaissait personnellement Ginette Reno. Je préférai me tourner vers M. Ouimet, qui, avec un plaisir évident, s'engagea à établir le premier contact.

— Y a pas de problème, la petite. Ginette m'a promis de t'appeler, m'apprit-il le jour même.

Dès lors, chaque sonnerie téléphonique fit trembler ma main sur le récepteur. Je ne le décrochais qu'après avoir pris une grande inspiration et m'être imprégnée de l'assurance que je tenais à dégager. À l'inverse, Mme Reno ne manquait pas d'aplomb. D'une voix tonitruante, elle me lança :

— Animatrice d'un téléthon ? Je le sais-tu, moi ? Je verrai ça quand j'irai à Québec. T'auras qu'à venir me voir au restaurant de Jean-Guy.

« Décidément, ce sont des maniaques de restaurants, ces artistes », me dis-je.

— Ça serait à quelle date, madame Reno ?

— Je n'en ai aucune idée, dit-elle, presque désinvolte.

J'insistai tout de même pour qu'elle me précise une date. Je l'entendis alors me crier :

— Mais t'en as du culot, toi !

— Comme vous, madame Reno, lui répliquai-je sans avoir pris le temps de réfléchir.

Malgré mon effronterie, elle acquiesça à ma demande et choisit de me rencontrer deux semaines plus tard, un jeudi soir. J'aurais dû me réjouir, mais les raisons de m'inquiéter l'emportèrent. Deux semaines de délai, c'est trop long, quand on sait que le même téléthon se tient aussi à Montréal et que les vedettes opteront de toute évidence pour un réseau télévisé à grande diffusion. Perdais-je mon temps en me mettant aussitôt en quête d'une cinquantaine d'autres artistes ? Après quelques instants de réflexion, je dressai une liste de ceux que je voulais rejoindre, quitte à ce que Mme l'animatrice, en présumant que ce serait Mme Reno, m'impose, de son caractère tranchant, quelques modifications.

J'allais en oublier M. Deschamps, ma première conquête, tant les quelques bribes de conversation téléphonique avec ma future animatrice avaient éprouvé la débutante que j'étais. Prévoir le scénario de ma rencontre avec l'humoriste nécessitait une démarche pour moi aussi difficile que celle de me rendre à Montréal et de trouver, dans la même journée, l'ancien Café des Artistes, où il devait m'attendre sur le coup de midi. Je ne pouvais m'y aventurer seule et courir le risque de m'angoisser inutilement ou, pire encore, de rater mon rendez-vous. Hélas! personne parmi mes connaissances et amies ne pouvait m'accompagner. Je me résignai donc à accepter de M. Côté le service que j'avais précédemment refusé.

J'étais parvenue à sortir de la ville de Québec sans encombre, lorsque j'appris que celui qui était assis à mes côtés n'était pas handicapé de naissance. Victime d'un accident de laboratoire pendant ses études, il connaissait parfaitement la ville de Montréal, où il avait vécu pendant de nombreuses années. Je n'avais qu'à lui lire le nom des intersections pour qu'il m'indique les rues que je devais prendre, destination boulevard Dorchester. Détendue et confiante, j'étais dès lors mieux disposée à apprécier l'humour de M. Côté. Cet homme allait me donner une « vision » des choses comme personne ne l'avait fait auparavant, exception faite de mon père, évidemment. Pour lui, tout obstacle n'était qu'un échelon dans une magnifique ascension vers l'épanouissement total.

En moins d'une heure, nous savions à quoi nous en tenir avec M. Yvon Deschamps. Sa collaboration nous était assurée pour deux performances, l'une à l'ouverture et l'autre à la fermeture du téléthon. Je jubilais.

Surprise de la timidité de cet artiste, je ne me faisais cependant pas d'illusion sur celle de Mme Reno. Le grand jour venu, je n'eus pas à l'attendre au restaurant de M. Ouimet : elle avait déjà pris place et consulté le menu. Il était donc de mise que je commande mon repas sans tarder, même si la chose qui m'intéressait le moins à ce moment était de manger. Surtout en présence d'une grande vedette. Et pourtant, le plaisir qu'elle semblait éprouver à le faire dut m'y inciter.

Elle allait me demander où elle m'avait déjà vue, j'en étais sûre.

Excellente conteuse à la verve fort colorée, elle me médusa pendant trois heures, sans qu'une seule allusion soit faite à notre rencontre à la Librairie Garneau. Ou bien elle n'avait accordé d'attention qu'au « meilleur stylo-plume sur le marché », ou bien j'avais passablement changé. Vint enfin mon tour de prendre la parole, sur ma conception du rôle d'animatrice de téléthon.

— Hé, la petite ! Tu veux pas que je fasse tout ça ?

— Vous avez bien compris, madame Reno.

— T'as du toupet, toi.

Je m'allumai une cigarette, espérant trouver dans le geste et la nicotine de quoi ne pas me laisser intimider. Je sentais qu'elle m'observait. Un vibrant éclat de rire me fit redresser la tête.

— J'aime ça, une fille qui a pas froid aux yeux, puis qui se laisse pas impressionner par les vedettes ! s'exclama-t-elle.

Aurais-je dû m'étonner de recevoir par la suite une lettre des plus amusantes et des plus sympathiques de cette femme au cœur d'or ? Adressées comme suit : À *la femme la plus mince du monde*, les deux pages incluaient et des aveux, et un menu. Des aveux sur les réticences qu'elle avait éprouvées à mon endroit et sur le plaisir qu'elle avait enfin découvert à travailler avec moi. Un menu ayant pour but de faire grimper la balance d'au moins cinq kilos en une semaine pour qui l'adopterait. Elle terminait avec cette phrase pour le moins sarcastique : « Si vous voulez d'autres recettes, écrivez à la grosse Reno. »

Les exigences de ma célèbre animatrice étaient venues allonger la liste de celles des artistes invités, et ce, en plein Carnaval de Québec, alors que la ville était effervescente, les hôtels complets, les restaurants bondés. Certains insistaient pour rencontrer le Bonhomme ou la Reine, les célébrités du Carnaval, d'autres désiraient visiter le Village huron, et plusieurs demandaient à changer de lieu d'hébergement.

À une minute de l'ouverture du téléthon, un climat d'une indéfinissable fébrilité envahit le studio. Techniciens, caméramans, animateurs, bénévoles, artistes et réalisateurs retenaient leur souffle. « J'espère avoir fait les bons choix », pensai-je alors, encore habitée par des doutes que j'avais dû taire au sujet de certains invités. Mon taux d'adrénaline croissait à chaque seconde du décompte. Cinq, quatre, trois, deux, un. Les projecteurs s'allumèrent, une voix retentit dans le micro, et nous nous retrouvâmes tous dans l'arène pour vingt-quatre heures de performance, sans répit et sans possibilité de reprise. « À la grâce de Dieu ! » me dis-je, en misant sur les quatre mois de préparation de l'équipe, la motivation des artistes et la générosité des donateurs, et pensant aussi à mes parents, surtout à mon père, que je savais souffrant. Les dizaines de fauteuils roulants placés devant la scène me rappelaient de surcroît qu'il s'agissait d'abord et avant tout d'une affaire de cœur. J'y avais mis tout le mien, l'équipe aussi, et maintenant des personnes handicapées de tout âge et de toute condition venaient célébrer leurs vingt-quatre heures. L'espoir qui se lisait dans le regard de chacun me réinjectait l'énergie qui menaçait de faillir après douze heures, quinze heures, vingt heures d'émission. « S'ils sont encore là, l'un tombant d'épuisement dans son fauteuil mais refusant de se retirer, l'autre ne parvenant pas à retenir ses larmes, touché par la mélodie qu'on lui dédie, tu n'as pas le droit de flancher, ne serait-ce qu'une seconde », me dis-je. Et lorsque l'artiste qui m'avait donné des papillons attendrit l'assistance et lui redonna espoir, je revis mes notes, je repensai à ma première entrevue, et je revécus négociations, refus et conquêtes avec une fierté indescriptible. Une larme m'échappa à mon tour lorsque apparut à l'écran un chèque de cinquante mille dollars d'un donateur qui, bien que je lui aie mis mes tripes sur la table pour le sensibiliser à ma cause, m'avait presque éconduite. Je vis alors briller dans le regard des personnes handicapées l'espoir d'être là, l'an prochain. L'espoir de revenir pour dire merci parce que les sommes recueillies auront pu leur apporter une meilleure qualité de vie. L'euphorie me supporta jusqu'à ce que les projecteurs s'éteignent et que, dans un sursaut d'énergie, je remercie d'une voix chevrotante d'émotion tous ces gens qui avaient su se dépasser et faire de ce téléthon un succès sans précédent.

Je rentrai chez moi avec le sentiment, combien enivrant, d'avoir conjuré l'invraisemblable. D'avoir, en dépit des apparences, reçu plus que j'avais donné. D'avoir découvert des gens avec qui je souhaitais prolonger ma route.

Coincée entre des responsabilités cousues d'imprévus et ma méconnaissance du milieu artistique, j'avais compris que la réussite dans ce métier n'était assurée qu'à la condition de s'engager avec passion et instinct, et de savoir s'entourer de personnes compétentes.

La première de ces personnes fut ma patronne, Pauline Demers. Petit bout de femme en fauteuil roulant, elle avait su déjouer les limites de son handicap et amener chacun à se découvrir des capacités insoupçonnées.

Les bénéficiaires de ce téléthon m'ont appris, par leurs témoignages, plus que toutes les leçons de catéchisme, plus que toutes les homélies du dimanche sur ce qu'il convient d'appeler les vertus chrétiennes de foi, de courage et de dévouement.

Georges Villeneuve était de ceux dont le handicap, loin de les inciter à la réclusion, avait servi de tremplin à un engagement social. Doué d'éloquence et d'humour, il savait captiver son auditoire et combler d'espérance toutes les familles qui avaient à composer avec une épreuve semblable à la sienne.

Marcelle, surnommée « La poète », « Coma » pour les intimes, ne savait que faire de la pitié et de tous ses simulacres. Ses envolées poétiques nous transportaient dans un monde dont l'irréel et le ridicule auraient pu dérider les plus austères.

Et comme toute équipe cache une maman, nous avions la nôtre. Mme Saint-Michel se distrayait de ses problèmes de santé en prenant soin de tous et de chacun avec une générosité exemplaire.

Monique, la douce, la druide, avait vite gagné la confiance de toute l'équipe et avait gravi les échelons hiérarchiques de l'organisation dans un temps record.

Odette, la Beauceronne à la volonté invincible, la « soupe au lait », disaient ses proches, savait démontrer une prodigalité directement proportionnelle à sa fulgurance. Pour avoir osé partager un appartement avec elle pendant plus d'un an, j'avais profité avec bonheur de la personnalité protectrice de cette femme, que plusieurs craignaient à tort.

J'avais bâti avec Ginette, qui travaillait dans le même édifice que l'équipe du téléthon, une amitié que ni le temps ni les aléas de la vie ne pouvaient altérer. Hélas ! le suicide de cette jeune femme, pourtant si enjouée, est venu y mettre fin, me laissant fort perplexe sur ce que les gens peuvent cacher de détresse profonde, même à leurs proches.

Contrairement à tous ceux qui, après ces vingt-quatre heures d'émission, rentraient chez eux avec une seule idée en tête, celle de se retrouver sur l'oreiller, et bien qu'épuisée, je dus me marcher sur le cœur et n'écouter que ma raison pour me résigner à prendre quelques heures de sommeil. Le spectacle à peine commencé, j'avais reçu une mauvaise nouvelle de Mont-Joli, où résidaient mes parents. Celui à qui j'avais tant pensé en assumant cette tâche de coordonnatrice des activités risquait de ne plus être là, le téléthon terminé. Atteint de sclérose en plaques, mon père avait été hospitalisé, et ses heures étaient comptées. Je le suppliais de s'accrocher encore quelques jours, de tenir bon, comme il m'avait demandé de le faire quand, avec l'idée de l'impressionner, j'étais montée le rejoindre sur le toit d'une maison. Comme il m'avait prise dans ses bras, ce jour-là, pour me redescendre, je voulais lui tendre les miens pour l'aider à traverser l'ultime épreuve. Il devait m'attendre. Il était impensable que celui qui m'avait appris à aimer la vie la quitte avant que je puisse lui exprimer ma reconnaissance une dernière fois.

Le moment tant redouté était fort probablement arrivé. Nous devrions, sous peu, dire adieu à nos complicités, adieu à nos applaudissements réciproques, adieu à ces heures, où, boutades contre boutades, histoires contre histoires, nous passions des heures à badiner et à nous taquiner.

Le sommeil eut raison de mon chagrin.

Lorsque je pris la route pour Mont-Joli le lundi matin, j'eus l'impression de ne pas avoir quitté mon père depuis la veille tant sa présence m'habitait. Les souvenirs défilaient dans ma tête au rythme des villages que je traversais. Je revivais avec nostalgie ces moments où, le jour de la paie venu, mon père me remettait la mienne, en présence de ses employés, avec une fierté qui valait dix fois le contenu de l'enveloppe.

Je revoyais ma première bicyclette, celle qu'il m'avait promise en récompense de mes efforts scolaires. Ma mère avait déploré que mon père me la donne après quelques semaines seulement de travail assidu, car jamais je n'avais fait mes devoirs avec autant d'application qu'en rêvant à la bicyclette de mes rêves. Maintenant, maman Yvonne devrait trouver de nouvelles astuces, car chaque soir lui incombait la tâche de me consoler d'avoir mis fin à mes jeux en m'imposant d'apprendre mes leçons.

Je me surpris aussi à rire bruyamment en repensant à une procession dédiée à la Vierge, où j'avais fait tellement honte à ma pauvre maman. En sa qualité de menuisier et de marguillier de la paroisse, mon père avait participé à la préparation des événements liturgiques tenus à l'occasion de l'Année mariale. Il avait, entre autres, construit les arcades et obtenu, en récompense, que sa fille et son amie Norma figurent au nombre des petits anges qui devaient figurer dans les reposoirs au moment où la procession passerait. Non moins heureuse de l'événement, ma mère s'était consacrée, une semaine durant, à nous confectionner deux robes, deux diadèmes et quatre ailes d'anges. Ainsi transfigurées, Norma et moi avions été conduites au dernier reposoir. Ma mère nous avait préparé une petite boîte à lunch tant pour nous occuper que pour s'assurer que nous serions encore là au moment souhaité.

Fidèles aux consignes reçues, aussitôt que des murmures d'oraison parvinrent à nos oreilles, mon amie et moi, les mains jointes sur la poitrine, nous agenouillâmes de chaque côté de la table garnie d'opulents bouquets. À notre grand étonnement, et au scandale des pieuses créatures, le porte-croix et ses deux acolytes, qui ouvraient la marche, étouffèrent des fous rires en passant devant notre reposoir. Suivaient les adultes et enfin les enfants de chœur qui, l'encensoir et les fanaux en main, parvinrent difficilement à garder le sérieux qui convenait à leur fonction. Juste derrière eux, le prêtre devait s'arrêter, et tout le cortège avec lui, pour réciter des prières. Le célébrant tenait l'ostensoir à hauteur des yeux, sous le dais supporté par les marguilliers, dont mon père, que je fixais avec fierté. Il me rendit mon sourire, mais son regard se dirigeant aussitôt vers ma robe me signifia son mécontentement. C'est à ce moment seulement que je découvris que mes vêtements, comme ceux de Norma, portaient les traces évidentes du chocolat qu'un bon monsieur nous avait offert en attendant le cortège. Je ne fus, hélas, pas retenue pour les trois autres processions, et mon costume d'ange fut rangé assez longtemps dans les armoires pour que je ne puisse plus le porter.

Comment entrer dans la ville de Rimouski sans faire un détour vers cette maison blanche décorée de bleu, sise à une soixantaine de mètres du rivage, la dernière que mon père avait construite ? C'est là où je passai une partie de mon adolescence et où je vécus des moments uniques. Je préférais cette maison à toutes les autres; je l'habitais pour son originalité. Différente, composée de trois maisons jumelées et comportant de multiples paliers dans la section réservée au propriétaire, cette maison me parlait de moi, de ce que j'étais et de ce que je voulais devenir. Ma vie serait différente de celle de mes cousines. Aucun des métiers qu'elles avaient choisis ne m'intéressait. Le mariage non plus. Je ne savais pas clairement ce que je voulais, mais je savais fort bien ce que je ne voulais pas.

De la galerie où je m'assoyais souvent, on pouvait apercevoir, les soirs de clair de lune, les lumières de Baie-Comeau: une féerie pour l'adolescente que j'étais, qui contemplait le spectacle avec l'impression de faire une intrusion dans un autre monde; le bout du monde.

Au grand bonheur de ma mère, à l'été de mes treize ans, j'étais devenue moins bouffonne, presque sage. Je passais de grandes journées sur la grève à ramasser des coquillages, savourant la solitude, moi qui l'avais toujours fuie. Assise sur les rochers, je m'amusais des lignes fantaisistes que prenait notre maison, reflétée par les eaux agitées du fleuve. Fascinée par l'irréel, l'impossible, je m'inventais des scénarios. Aucun d'eux, cependant, n'aurait pu envisager le jour où je quitterais ce coin de paradis et me retrouverais dans les coulisses du monde du spectacle. J'étais loin de me douter que j'aurais à vendre, non pas des histoires inventées, mais des drames réels, ceux de tant de gens bafoués dans leur corps et meurtris dans leur âme par un tragique destin.

Retrouvant les lieux de mon adolescence, je déplorais qu'il ait passé si vite, ce temps où je m'étais découvert un soudain intérêt pour les sports d'équipe, surtout pour le hockey, le ballon-balai et la balle molle. Je ne sais ce qui me plaisait davantage, de la pratique de ces sports ou de tout ce à quoi elle donnait occasion. J'aimais voir se rassembler sous notre toit joueurs, entraîneurs et arbitres, avant et après les parties, tantôt dans la détermination de gagner la prochaine, tantôt dans l'euphorie de la victoire. Il va sans dire que, fidèles à eux-mêmes, mes parents demeuraient mes principaux partisans pendant les parties. Ma mère allait jusqu'à jouer à la couturière-infirmière attitrée de mon équipe, et mon père assumait le rôle d'entraîneur. Je sus qu'il avait de beaucoup préféré cette période à celle qui suivit : l'époque yéyé. Moins outillé dans ce domaine pour exercer son rôle d'instructeur, il se voua à celui de sentinelle vigilante que n'allaient pas déjouer les jeunes séducteurs qui rôdaient autour de sa fille. Quitte à se déguiser en chauffeur de taxi pendant des années, il saurait où et avec qui se tenait sa protégée. « Contrôler ses allers-retours, c'est bien beau, dit-il à ma mère, mais le plus important nous échappe. Il faut trouver un moyen d'attirer ses amis, ici, à la maison. » C'est ainsi qu'un de ces bons matins, sans égard pour la dépense, Ovide Saint-Pierre décida « d'équiper sa fille », comme il le disait, d'une chaîne stéréophonique capable de faire danser toute sa cohorte d'amis entichés de rock and roll, de twist, et aimant danser des slows.

Invités à se joindre à nous lors de ces soirées, mes parents y avaient trouvé leur compte, et moi, une compensation pour l'école privée que mon père m'avait imposée.

Les permissions auxquelles j'avais droit se mesuraient à mes prouesses scolaires. M'étant sur ce point distinguée, j'obtins, à seize ans, la permission de travailler dans un foyer de personnes âgées et d'aller me chercher une vraie paie. Autant j'avais aimé la compagnie des enfants que je gardais occasionnellement, autant celle des aînés me fascinait. Il m'arrivait souvent, après mes heures de travail, de m'attarder à les faire chanter, à les écouter me raconter leur passé ou simplement à me bercer avec eux dans les balançoires. J'observais ces bonnes gens, rebelle à l'idée qu'un jour mes parents se retrouvent dans la même condition. Et pourtant, moi, la rescapée, moi, la choisie parmi tant d'autres, j'allais, un certain dimanche midi, frapper à la porte d'un centre d'accueil pour les y abandonner. J'avais le sentiment de m'en débarrasser, tant ma culpabilité était grande. Me répétais-je que je n'avais plus le choix, une partie de moi me traitait d'ingrate, de lâche. Les premiers mois de mon existence, ceux pendant lesquels je n'appartenais à personne, ceux qui se déroulèrent sans qu'une caresse effleure ma peau, sans qu'un « je t'aime » résonne à mes oreilles, avaient à ce point marqué ma chair et mon cœur que j'avais l'impression de livrer mes adorables parents au même destin. Ce froid à l'âme que leur amour avait pour un temps anesthésié venait de nouveau me glacer. Lorsque la maladie de mon père se déclara, j'espérai éviter de le placer en institution en installant mes parents à Québec, où j'étais établie depuis une dizaine d'années. « Ainsi, je pourrai en prendre soin, sans avoir à quitter mon travail », m'étais-je dit. Hélas ! Je n'avais pas joué la bonne carte. Irrémédiablement condamné, mon père souhaitait finir ses jours parmi les siens. Il devait donc être transféré à Mont-Joli, près de ma mère, pour qui je ne pus obtenir une chambre au même centre d'accueil qu'après de nombreuses années et de difficiles démarches.

C'est dans un hôpital situé non loin de là qu'il m'attendait, à demi conscient, et me promit, d'un battement de paupières, de s'accrocher encore. Je lui tins compagnie pendant deux jours et deux nuits. Il n'en avait sans doute plus pour longtemps. Tôt ou tard, j'allais devoir le laisser partir. Dans quelques jours, dans quelques semaines, dans quelques mois peut-être… mais pas maintenant! Il me donnait un nouveau sursis, et je lui en étais fort reconnaissante.

Par moments, je revivais pour moi seule nombre de souvenirs et, lorsque son regard redevenait lucide, je lui racontais ceux qui pouvaient lui apporter un peu de réconfort. Beaucoup d'entre eux se rattachaient à ce que j'appelle mon «adolescence à retardement», c'est-à-dire la période qui suivit mon installation à Québec, mes vingt et un ans bien sonnés. À l'époque, que je prenne mon travail au sérieux ne signifiait pas que je me pris au sérieux. Serveuse dans un restaurant chinois pendant deux ans, je devins ensuite agente dans un bureau de crédit. Cette promotion me donna le goût d'aller plus loin: je me promenai d'entreprise en entreprise à la recherche de plus grandes responsabilités et d'un meilleur salaire, ce qui me fut à chaque fois accordé, avec, en prime, une équipe toujours aussi enjouée que celle que j'avais quittée. J'avais besoin de m'amuser en travaillant et j'appris à mes collègues que c'était possible. Mes amis du bureau de crédit et moi avions formé un groupe aussi complice dans le plaisir que dans le travail. Nous aimions faire la fête entre nous, dans les salles de quilles ou en camping, et sans jamais ressentir le besoin de sortir en boîtes de nuit. C'est avec un membre de cette équipe du tonnerre, « Louise la fonceuse », que je promenais Pico, mon petit chien imaginaire, dans toutes nos sorties, et dans les endroits interdits, de préférence. Il fallait voir les gens au Colisée de Québec se tordre le cou pour voir le petit chien, caché on ne sait où, à qui nous parlions, Louise et moi... Plus drôle encore était notre jeu dans la rue, quand je criais à tue-tête : « Pico ! Reviens, mon beau chien », amenant de nombreux passants à se lancer à la recherche de ma petite bête pendant que Louise et moi, ne pouvant plus retenir notre sérieux, disparaissions, les laissant seuls à poursuivre la fouille. Ce fameux petit Pico m'a suivie pendant près de trois ans, alimentant même les boutades de mon père.

À celui qui, toute sa vie, avait tant pris plaisir à jouer des tours, je racontai que, dans la même journée, j'avais confessé un pénitent et commandé pour moi seule une traversée de bateau dans Charlevoix. Jouant les touristes américaines, mon amie Louise et moi faisions la tournée des églises de l'Île-aux-Coudres lorsque l'idée me vint d'aller m'asseoir dans le confessionnal.

— T'oseras jamais, me dit Louise.

Il n'en fallait pas davantage pour que je me retrouve sur le siège du confesseur, attendant mon premier pénitent. Une porte grinça. « Je le savais qu'elle viendrait faire la folle », me dis-je. Je me préparais à recevoir les aveux de mon amie lorsque j'entendis un « Au nom du Père, du Fils et du Saint-Esprit, mon père je m'accuse... » dit une voix de femme que Louise n'aurait pu emprunter. Prise au piège, je devais assumer mon rôle jusqu'au bout, et pour ce faire, éviter de penser à ma copine qui, à coup sûr, s'étouffait de rire dans l'église. Je marmonnai quelques phrases d'un latin douteux et répétai à ma pénitente des phrases que l'on m'avait souvent dites à confesse :

— Vous réciterez votre acte de contrition et trois *Ave*. Allez en paix, ajoutai-je de ma voix la plus grave.

J'avais une telle peur d'éclater de rire que je fermai précipitamment le carreau, indiquant la fin de la séance de confession.

Je ne souhaitais rien de plus au monde que de pouvoir sortir, et de cette boîte et de cette église, sans que la dame m'identifie. Je réussis le premier exploit. Mais, je dus continuer de jouer la touriste, ma pénitente étant encore dans l'église à réciter ses *Ave*, et Louise à terminer ses dévotions, en parfaite comédienne qu'elle était.

Le plaisir faillit tourner au vinaigre lorsque, telle la cigale ayant chanté et virevolté tout l'été, nous avons manqué le dernier traversier de l'Île-aux-Coudres.

—J'aurais donc dû mourir p'tit bébé !

—Oublie ta rengaine, Normay Saint-Pierre, puis trouve une solution, répliqua mon amie.

Inutile de penser coucher sur place, nous n'en avions ni les moyens ni la possibilité. Nous devions rentrer à Québec le soir même. Seul le capitaine pouvait nous sortir d'embarras. Fallait-il le convaincre par la parole ou en battant des cils ? Louise décida d'une tout autre stratégie, et notre scénario bien établi, nous retournâmes vers notre sauveteur.

—Mais qu'est-ce qu'elle a, votre amie ? demanda-t-il à Louise.

—Je suis bien inquiète, monsieur le capitaine. Je pense qu'elle fait une crise d'appendicite. Croyez-vous que ça peut être grave ?

—Y a pas de risque à prendre, ma petite. Installez-vous confortablement, je vais vous ramener à Saint-Joseph-de-la-Rive.

Pliée en deux sous le regard narquois de ma metteure en scène improvisée, je montai sur le traversier, attendant que le capitaine gagne sa cabine pour reprendre une posture normale et cesser de gémir. Pendant les vingt minutes que dura la traversée, nous savourions notre victoire.

Il fallait nous voir servir à notre capitaine, l'une, des mercis répétitifs, et l'autre, des gémissements qui se voulaient reconnaissants. Mais loin du regard de notre gentil capitaine, nous nous faisions des gorges chaudes de notre cinéma improvisé.

Cette irrésistible envie de nous amuser n'avait pas été prétexte qu'à folâtrer. Louise et moi avions aussi décidé d'organiser des spectacles et des soirées de danse pour les personnes âgées. Notre succès fut tel que, pour répondre aux demandes des centres d'accueil, nous en étions venues à former un groupe de trente personnes qui se partageaient les activités de divertissement. On n'aurait su dire qui des bénévoles ou des personnes âgées en éprouvaient le plus de plaisir.

La maladie de mon père vint mettre fin à cette période de festivités mêlées d'insouciance. Cette épreuve bouleversa ma vie. Tant que le mal dont mon père souffrait demeurait indéfini, ma mère et moi espérions toujours que son état s'améliorerait. Mais un jour, souffrant de douleurs généralisées dans tout le corps, accompagnées de fortes fièvres, il dut être hospitalisé d'urgence. Nous apprîmes alors qu'il avait fait une crise aiguë de sclérose en plaques. J'abandonnai tout, sauf mon travail. Ma mère, qui avait pourtant toujours été forte, fut terrassée par cette épreuve. Celle qui avait si souvent répété : « Ce n'est pas parce que je ris que je ne suis pas malade » ne riait plus. Celle qui avait été, depuis mon enfance, mon havre de sécurité angoissait au point que je dus quitter mon logement et emménager avec elle, qui habitait depuis peu Québec. Celle qui s'était tant souciée de dédramatiser et mon destin et mes chagrins avait besoin que je lui témoigne une même sollicitude. Lorsqu'elle m'avait informée en secret de la maladie de mon père, j'avais voulu retourner près d'eux dans la région de Rimouski, mais elle s'y était fermement opposée.

— Jamais ton père n'accepterait qu'à cause de lui tu quittes la ville où tu as trouvé travail et amis.

De fait, même si j'étais simplement passée de commis d'épicerie à chauffeuse d'autobus scolaire pour enfin devenir agente de bureau, je me considérais privilégiée de gagner honorablement ma vie et de le faire avec un plaisir pour le moins équivalant au salaire touché. Je dirais même qu'au bureau de perception des comptes et d'enquête de crédit, où je travaillais, mon goût pour les relations belles et franches fut comblé. J'y découvris qu'une patronne pouvait se montrer à la fois responsable et des plus humaines. Sans négliger aucun de ses employés, Jeanne apportait ainsi une attention particulière à Jocelyne, une de mes compagnes, qui attendait un enfant. Elle se serait sûrement montrée aussi maternelle envers moi si elle avait su à quoi elle m'exposait en me demandant, en pleine séance de travail, de conduire à l'hôpital la future maman, qui venait d'entrer dans les douleurs de l'accouchement, un mois plus tôt que prévu. Le trajet m'avait énervée, les heures passées à la salle d'attente aussi. Mais d'apprendre que la mère et la petite se portaient à merveille me fit vite oublier ma fatigue. Et sitôt la permission obtenue, je me précipitai à la chambre de Jocelyne pour célébrer la naissance. Le choc fut plutôt brutal. Je trouvai étendue dans son lit une jeune maman en sanglots, inconsolable à l'idée qu'elle ne reverrait plus son enfant. Sa condition de fille-mère et la volonté de sa famille lui imposaient de confier sa fille à l'adoption. Je passai l'après-midi avec elle, souhaitant qu'elle s'endorme au plus tôt, tant le courage et les mots pour la réconforter me manquaient. Je profitai de l'accalmie tant souhaitée pour me rendre à la pouponnière et vivre, devant ce petit bout d'humain exposé de l'autre côté de la vitre, la détresse la plus profonde que j'aie connue, la mienne et celle qui attendait cette enfant. J'aurais voulu la tirer de cet éphémère confort, l'arracher à ce destin qui allait tôt ou tard lui laisser des bleus à l'âme, des cicatrices, que je savais maintenant indélébiles. J'aurais hurlé de colère tant je trouvais stupide de ne pouvoir rien y faire. Je me surpris à lui dire, le cœur en charpie, que sa maman l'aimait, que, si elle le pouvait, elle la prendrait avec elle pour toujours, qu'il se trouvait encore des parents qui viendraient la choisir pour son joli minois. La choisir pour l'aimer comme leur vraie fille en attendant que... En attendant qu'elle puisse revoir sa maman Jocelyne.

Le corps et le cœur plus labourés que si j'avais moi-même accouché ce midi-là, je m'éloignai de la pouponnière, révoltée contre la société et son cortège de tabous qui m'imposaient de vivre une seconde fois ce qui n'aurait jamais dû m'arriver. Avant de reprendre ma place auprès de la malheureuse maman, je téléphonai à ma patronne et lui racontai tout, à l'exception du drame que je vivais, évidemment, dans le secret espoir qu'elle trouve une solution, mais en vain. Dépitée, je retournai auprès de Jocelyne. Je feignis le stoïcisme pour ne pas sombrer avec elle. Lorsque je rentrai chez moi ce soir-là, j'appelai maman Yvonne et lui racontai ma journée. Elle se montra suffisamment compatissante pour que je fasse provision de courage pour le lendemain, jour des plus tragiques où la petite devait être transférée à la crèche. Comme j'appréciai la compagnie de ma patronne pour cette ultime visite ! J'avais vécu, auprès de mon amie Jocelyne, un déchirement, dont personne ne se douta, mais qui allait me lancer dans une aventure, la plus périlleuse de ma vie, peut-être. Bouleversée par l'événement que je venais de vivre, j'allais m'exposer à un autre rejet. Mais rien ne pouvait plus m'arrêter. L'indescriptible douleur de Jocelyne avait pu être celle de ma mère, et j'étais prête à tout pour qu'elle en soit délivrée. D'autre part, le placement de mes parents en centre d'accueil avait taillé une brèche profonde dans le mur de sécurité que je m'étais bâti depuis mon enfance. Ils allaient partir et me laisser, sans famille. Je ne pouvais concevoir qu'il en soit ainsi le reste de ma vie.

J'avais une douzaine d'années lorsque j'ai commencé sérieusement à réfléchir à ma propre condition d'enfant laissée à la crèche. Campée sur un rocher de Rimouski, je contemplais le fleuve, et ses vagues semblaient me répéter, dans leur reflux, que ma mère biologique n'était pas morte. Qu'elle m'avait cherchée. Que je pourrais transformer sa vie en lui apprenant que j'étais encore de ce monde et que je la cherchais, moi aussi. Informée de mon intention de rechercher ma mère biologique, maman Yvonne, qui ne s'était jamais offusquée que je menace, quand elle me grondait, de m'en aller chez ma vraie maman, se montra compréhensive et secourable, ne me cachant pas que ma « vraie mère » vivait toujours au moment de mon adoption. Au contraire, pour ne pas me dévoiler son chagrin, mon père fuyait aussitôt qu'on abordait le sujet. J'aurais voulu qu'il comprenne qu'il était irremplaçable dans ma vie, tout comme maman Yvonne, mais que j'avais besoin de savoir, de connaître et d'être reconnue. J'aurais voulu qu'il sache que le drame de Jocelyne avait ouvert en moi une vieille blessure, et que je ne croyais en nul autre moyen que celui des retrouvailles pour en guérir. Habiter Québec me donnait l'impression de m'approcher du but, car c'était dans cette ville que j'étais née.

Profitant du fait que mes parents logeaient alors dans la capitale, je quittais chaque jour mon travail pour rejoindre ma mère, à qui je préparais un souper à la sauvette avant de me rendre au chevet de mon pauvre papa, avec qui je prenais le souper. J'allais tous les soirs à l'hôpital pour en repartir chaque fois de moins en moins confiante. Très croyante, ma mère se réfugiait dans la prière, alors que, de mon côté, refusant de nourrir quelque illusion, j'exigeais qu'on m'informe sur cette maladie et qu'on m'en fasse connaître le pronostic. Que je déplorais à ce moment de n'avoir ni frères ni sœurs, ou, en avais-je, de ne pas les connaître ! Ç'aurait été, me semblait-il, moins pénible d'assumer avec eux la décision de confier mes parents, ceux que je connaissais, à des étrangers. Non pas qu'ils s'y refusaient. Souvent, ils durent même me réconforter de la peine que j'en éprouvais. Heureusement, ma cousine Laurence, qui habitait Rimouski, les traitait comme ses propres parents. Elle était et sera toujours comme ma grande sœur.

Après quelques semaines de congé, Jocelyne reprit son travail. Elle avait beaucoup changé. Elle demeurait triste et songeuse en dépit des distractions et du réconfort que nous tentions de lui apporter. « Ce que je ne peux réussir avec Jocelyne, je le pourrais avec ma vraie mère. Il suffit qu'on se retrouve », pensais-je. J'allai donc tout de go frapper à la porte de l'hôpital où j'étais née :

— Bonjour, ma sœur. Je m'appelle Normande Saint-Pierre, mais le nom qui m'a été donné quand je suis arrivée au monde, ici, c'est Caroline-Pascal. Je viens chercher celui de ma mère. Je suis née le 31 mars 1945, enchaînai-je pour m'assurer que la religieuse avait toutes les informations requises pour me répondre aussi rapidement que je lui avais livré le peu que je savais de mes origines.

— Vous avez été adoptée ? me demanda-t-elle, l'œil sévère.

— Oui. Par de bons parents, Ovide et Yvonne Saint-Pierre de Sayabec.

La bonne sœur, du haut de sa froideur, m'annonça :

— Vous n'avez pas le droit de faire ça. C'est un grave manque de respect et de reconnaissance envers vos parents adoptifs.

— Je ne vois pas où est le manque de respect puisqu'ils sont au courant. Même qu'ils me soutiennent dans mes démarches.

— De toute façon, ça ne vous mènera à rien, votre mère est morte.

Je ne la crus pas. Quelque chose me disait que ma mère vivait encore. J'ai quitté l'hôpital, consternée, mais résolue à ne pas baisser les bras. Du moins pas tout de suite. Elle ignorait, sœur Sanscœur, qu'il m'en fallait davantage pour me dissuader de poursuivre mes recherches. Si l'hôpital refusait de respecter ce que je considérais comme mon droit le plus élémentaire, la crèche me le reconnaîtrait. Depuis que maman Yvonne m'avait appris que ma « vraie mère » n'était pas décédée, je l'imaginais souvent à ma recherche. Je présumais que les religieuses de la crèche avaient dû lui montrer mon dossier d'adoption, et qu'un jour on m'annoncerait qu'elle désirait me voir. Une crainte venait cependant assombrir mes espérances : nous avions si souvent déménagé. Comment pourrait-elle me retrouver ? J'aurais souhaité qu'il soit plus facile pour moi d'aller à la rencontre de celle qui m'avait donné la vie. « C'est si loin et si grand, Québec… » pensai-je souvent alors. Mais voilà que j'habitais cette ville merveilleuse depuis cinq ans déjà. Avais-je croisé ma mère une fois, deux fois peut-être, sans porter attention à l'étrange sensation qui sans doute m'envahit à cet instant ? Peut-être avait-elle ressenti ce même frisson et avait-elle tenté de me suivre pour mieux m'observer ? Peut-être attendait-elle le bon moment pour se présenter, me tendre les bras et me voir m'y lancer ? L'une et l'autre poussées par cette indéfinissable certitude, celle de la reconnaissance du sang, des corps, de la reconnaissance du cœur.

Reçue avec affabilité par sœur Gentille, je fus dispensée de sermons et de reproches, mais forcée de croire ce qu'elle alléguait :

— Je n'ai pas le droit de vous le dire, ma pauvre enfant. Nos dossiers sont confidentiels.

— Confidentiels, je veux bien, mais pas pour moi. Je suis son enfant. C'est moi que ce dossier concerne. Depuis quand les enfants n'ont pas le droit de connaître leur mère ?

—La loi est ainsi faite, trouva-t-elle à me répondre.

Je l'assommai d'arguments jusqu'à lui donner le goût de me conduire vers la sortie, ce qu'elle fit avec une bienveillance voilée de fermeté.

Acculée à une impasse, j'ai décidé de ranger le dossier et de m'occuper de mes parents adoptifs, eux qui ne seraient peut-être plus avec moi pour très longtemps.

Chapitre II

J'avais toujours rêvé d'une existence ponctuée de défis et d'imprévus. Mon rôle dans les coulisses m'avait permis de tremper les lèvres dans la coupe du monde du spectacle. J'en avais été enivrée, et ma soif, avivée.

Moi qui n'avais souhaité que de voir les héros escalader la montagne, voilà que, par le jeu de simples coïncidences, je me trouvais au faîte, juste derrière eux, fier témoin de leur ascension. L'euphorie de leur réussite artistique m'imprégnait, et je me sentais riche des milliers de dollars que le téléthon de la paralysie cérébrale avait rapportés.

Dans le clan des marginaux, dont je faisais partie par ma condition d'enfant de la crèche et mon caractère quelque peu anticonformiste, j'avais trouvé des frères et des sœurs. Au moment même où mes parents adoptifs me donnaient les premiers signes d'un départ imminent vers un autre monde, l'Association de la paralysie cérébrale m'offrait cette famille élargie qui m'avait tant manqué. Dans sa prodigalité, la vie m'apportait le baume avant même que la déchirure ne se produise. Bien sûr, il y avait eu l'âpreté de l'apprentissage, la peur de l'échec et de fâcheux imprévus. Mais, dans mon cœur, n'était demeurée gravée que la conscience du privilège qui m'était donné de côtoyer des artistes de renom, des gestionnaires d'entreprises prestigieuses, des grandes figures du monde des médias. « Viens voir ici comme on est bien… » chantait ma célèbre animatrice. « J'y suis déjà, madame Reno », avais-je envie d'ajouter, en foulant de mes semelles les planches de la scène, avec entre mes mains cet objet magique qui transportait ma voix jusqu'à la Gaspésie de mon enfance, et au-delà. En entendant le nom de Normay Saint-Pierre, mes oncles et tantes, mes cousins et cousines accouraient vers l'écran pour s'assurer qu'il s'agissait bien de Normande Saint-Pierre, la fille qu'Ovide et Yvonne étaient allés chercher à la crèche, trente ans plus tôt.

Celle qui avait juré de ne pas suivre les traces de ses compagnes de jeunesse avait tenu parole, et le rôle qu'on lui donnait dans ce téléthon en témoignait magistralement. Alors que la majorité de mes cousines et de mes amies avaient hérité du statut d'épouse et de mère, préférant ma liberté, j'avais, dans ma jeune vingtaine, refusé la demande en mariage d'un chic soupirant de nationalité chinoise. Quelle désolation pour ma pauvre mère, qui, tout en se consolant, dut consoler aussi l'amoureux éconduit.

Pourtant, à trente-quatre ans, bien campée dans mon célibat, je ne pouvais que me réjouir de ce choix qui me facilitait l'accès à une carrière à laquelle je désirais consacrer le reste de ma vie.

Le bilan de mon premier téléthon s'avérant fort positif, je présumai que mes directeurs n'attendaient que la fin de ce mois consacré à la classification des dossiers pour reconduire mon contrat. Or, je quittai le bureau, le cœur riche de leurs félicitations, mais les mains vides et l'âme inquiète. Je rentrai chez moi profondément désemparée. Un jour, deux jours, trois jours passèrent sans que la sonnerie du téléphone se fasse entendre. Je décrochais le récepteur, persuadée que ma ligne devait être en dérangement. Mais il n'en était rien.

Je constatai que je ne pourrais plus vivre sans la frénésie d'une perpétuelle course contre le temps, sans l'ivresse de la conquête, sans l'adhésion de milliers de personnes à une cause qui me tenait à cœur. Ce défi avait plus « qu'assaisonné » ma vie, il lui avait donné son sens.

Je n'allais surtout pas demeurer une autre semaine à attendre qu'on m'appelle. « Notre choix ne sera vraiment définitif qu'en septembre, madame Saint-Pierre. D'ici là, on ne peut rien vous promettre », m'avait répété Mme Demers. Souhaitant de tout cœur joindre la prochaine équipe, je ne cessais de prendre des notes, de faire des plans, et de glaner toute information susceptible de m'être utile. Reconnaissante envers ceux qui m'avaient donné ma première chance, mais plus encore pour m'assurer qu'on ne m'oublie pas, je consacrais tout mon temps libre à faire du bénévolat pour l'Association de la paralysie cérébrale.

En plein marathon, mais pressentant le vide qui menaçait de s'installer dans ma vie après ce premier essai, et forcée de me trouver un gagne-pain si je n'étais pas retenue à l'automne, j'avais entamé une nouvelle aventure. Avec un plan en tête, un texte dans les mains, je m'étais rendue aux bureaux des responsables du Canal 9. « J'ai mis un pied dans ce merveilleux monde et je ne laisserai pas la porte se refermer derrière moi », m'étais-je promis. Armée d'audace, j'ai présenté aux responsables de cette chaîne de télévision un projet qui allait me relancer dans l'arène de l'inconnu, mais cette fois devant les caméras. Comme je connaissais personnellement M. Lamontagne, le directeur de la programmation, j'ai réclamé qu'on me fasse grâce des préambules habituels lors de la soumission d'un projet. Il me le concéda. La réponse vint à la mesure de mes attentes. J'aurais ma chronique hebdomadaire sur les organismes du milieu et j'en assumerais moi-même l'animation. Je n'eus pas trop de mes six mois de cours sur la radio-télévision pour mener de front le travail de recherchiste, de conceptrice et d'animatrice de cette série.

Je n'aurais su dire ce qui, de la promotion des organismes humanitaires ou de l'effervescence des milieux médiatiques, me passionnait davantage. Aujourd'hui je comprends que l'une servait l'autre admirablement bien et que toutes deux comblaient mon besoin de rayonnement et de bienfaisance.

Mon travail au Canal 9 et mes heures de bénévolat à l'Association me laissaient tout de même quelques moments libres. J'en profitais pour revoir mes amis, entre autres une jeune femme paraplégique à qui deux de mes amies et moi avions proposé un voyage à New York. Voyage qui demeura pour le moins mémorable. Qui n'a pas rêvé de déambuler dans les rues de cette ville à l'occasion de Pâques ?

—La parade des fleurs et des chapeaux de Pâques, il faut que tu voies ça au moins une fois dans ta vie, avions-nous annoncé à Jeanne.

—Vous n'êtes pas réalistes. Vous avez pensé au fauteuil roulant, en plus des bagages ? avait-elle objecté, comme si elle avait oublié mon attrait pour l'aventure.

—Contente-toi de faire la liste des articles indispensables, et moi je me charge du reste, lui avais-je répondu.

Que d'heureux moments nous avons passés à préparer l'itinéraire de notre voyage et à savourer d'avance les paysages du Vermont, le record de température chaude qu'on annonçait pour la grande ville américaine, et tout ce que nous avions confié au caprice des événements !

En ce Samedi saint de 1979, Gisèle, Carmen, Jeanne et moi nous dirigions dès avant l'aube vers la frontière américaine de sorte que, malgré les quelques arrêts que nous imposerait notre voyageuse handicapée, nous puissions parvenir à notre motel vers la fin de l'après-midi. Le réservoir d'essence et le coffre de ma voiture pleins à éclater, nous pouvions filer en toute quiétude et nous adonner à notre passe-temps favori, la rigolade. Étaient-ce ces quatre heures de rire qui avaient stimulé les intestins de notre amie Jeanne et déjoué toutes les précautions prises pour faire le voyage sans encombre ? La trouvant de ce fait malheureuse et désarmée, nous devions trouver le plus vite possible un endroit pour faire sa toilette et changer ses vêtements. D'un naturel opportuniste, nous bénissions cette pluie chaude qui se déversait sur la région et qui allait se charger d'une bonne partie du travail à notre place. La voiture immobilisée en bordure de la route, Gisèle, Carmen et moi aidions Jeanne à en sortir et déployions serviettes et simili-paravents sous les regards tantôt amusés, tantôt surpris des automobilistes.

—C'est comme s'il n'était rien arrivé, m'exclamai-je après quelque quinze minutes de soins prodigués à notre amie.

Tentées de regagner le temps perdu, mes compagnes me suggéraient d'accélérer. Je m'y refusai:

—La surveillance policière va être resserrée, comme pour tous les grands congés. Non, j'aime mieux ne pas prendre de risque.

Nous avions roulé moins de dix minutes lorsqu'un cortège de quatre voitures de patrouille apparut dans mon rétroviseur.

—Eh! Les filles, regardez qui nous suit. J'ai bien fait de ne pas vous écouter, hein?

Je n'avais pas terminé ma phrase que la sirène se mit à hurler et les gyrophares à tournoyer comme des déments.

—Mais qu'est-ce qui leur prend? Je n'ai même pas dépassé la limite de vitesse permise.

—Ce n'est pas le temps de faire des blagues, t'as peut-être quelque chose de défectueux à ta voiture, me dit Jeanne pendant que Gisèle et Carmen se terraient sur le siège arrière.

Je quittai la route. Deux des autos de patrouille vinrent se placer derrière la mienne et les deux autres devant. Un premier policier ouvrit sa portière, sortit et me somma, à la pointe de son arme, de me placer en position de fouille, les bras allongés sur le toit de ma Mustang. Même ultimatum de la part des trois autres policiers pour chacune des occupantes.

—Go! Go! répétait un des agents, venu ouvrir la portière du côté de Jeanne, et qui attendait impatiemment qu'elle descende.

Voyant que, malgré sa gestuelle, Jeanne ne parvenait pas à lui faire saisir qu'elle ne pouvait sortir seule de la voiture, je criai :

—*Handicaped woman, sir! Handicaped, the girl!*

Mes deux autres compagnes ricanaient pendant que j'essayais de trouver la bonne traduction.

—Aidez-moi donc, vous deux, au lieu de rire. Comment ça se dit en anglais, « handicapée » ?

Je n'aurais jamais cru trouver moins bilingue que moi.

—Mais ils sont complètement sautés ! s'écria Carmen.

—Tais-toi, lui dit Gisèle. Tout à coup qu'ils font juste semblant de ne pas comprendre le français.

Nos fous rires et la prétendue résistance de Jeanne indisposèrent les policiers, qui, après quelques minutes de discussion, décidèrent de me faire monter dans une de leurs voitures, alors que l'un d'eux s'assoyait dans la mienne pour la conduire jusqu'au poste de police.

—Sors le fauteuil roulant, dis-je à Carmen une fois arrivée au poste. Ils vont bien finir par comprendre quelque chose.

Toutes quatre escortées jusqu'à la salle des intimés, nous cherchions désespérément la cause de notre arrestation. Écartant la possibilité que ce soit pour excès de vitesse, nous nous retrouvâmes vite à court d'hypothèses.

Le temps filait sans que les agents de l'ordre semblent comprendre que nous n'étions pas venues de Québec pour passer la fin de semaine au poste de police.

Enfin, un nouvel officier vint vers nous et entama un questionnaire qui ne rimait toujours à rien.

—*Phone to Québec, please*, répliquais-je dans l'intention de faire appel à André, un de mes amis bilingues qui, nous connaissant toutes, pourrait nous sortir de ce merdier.

Bien que ce policier ait l'oreille plus attentive que les précédents, je n'obtins la permission d'établir la communication avec mon ami André qu'à dix-neuf heures. Ils avaient mis plus de trois heures à délibérer sur cette question.

— Tu imagines le temps qu'ils vont prendre à décider de notre libération, fit remarquer Jeanne, qui partageait difficilement l'humour de Carmen et de Gisèle.

En entendant la voix d'André, j'éclatai de joie, comme si nous nous retrouvions après des années d'éloignement.

— Nous venons de nous faire arrêter par la police américaine et nous ne savons pas pourquoi. Nous n'arrivons pas à nous comprendre, aucune de nous quatre ne parle anglais. Je sais juste que ce n'est pas pour excès de vitesse. Ça fait quatre heures que nous attendons ici, au poste de police. T'imagines-tu? Ris pas! C'est le cas de le dire: « J'aurais donc dû mourir p'tit bébé, moi. »

Le policier écouta quelques instants, expédia sa version des faits et lança des répliques que je crus belliqueuses avant de retourner le récepteur vers moi.

— Puis, c'est quoi le problème? demandai-je à André.

— Vous êtes soupçonnées d'enlèvement, d'agression et d'outrage aux bonnes mœurs. Une automobiliste vous a vues sur le bord de la route alors que vous vous affairiez autour d'une jeune dame nue… m'apprenait André, ébahi de ce que l'agent venait de lui rapporter.

— Ah, non! Mais c'est ridicule!

Informé de l'incident qui nous avait amenées à agir ainsi, André demanda à parler de nouveau à l'agent, me promettant de tout faire pour le convaincre de notre innocence. Placide à souhait, l'Américain ne manifestait rien qui puisse me rassurer. On aurait dit, par moments, qu'André soliloquait à l'autre bout de la ligne tant les répliques de l'agent de police se faisaient rares. La conversation téléphonique terminée, je fus reconduite auprès de mes compagnes, sans plus. Si elles avaient jusquelà réussi à se moquer de la méprise, elles ne trouvèrent pas à plaisanter sur le motif de notre détention. Notre sort, nos bagages et tous nos papiers étaient entre les mains de la « Sécurité américaine ». Pour combien de temps? Suffisamment longtemps pour que, lorsqu'on nous remit ceux-ci, il ne nous reste qu'un choix possible: nous arrêter au motel le plus près et prendre une bonne nuit de sommeil avant de retourner à Québec. Adieu, soleil de New York, parades de fleurs et statue de la Liberté!

L'aventure, entreprise dans l'euphorie, allait prendre fin dans le motel le plus minable de l'État de New York. En mal de réconfort, nous allions, tôt le lendemain matin, nous mettre à la recherche du meilleur *bed and breakfast* qui puisse nous offrir un copieux déjeuner de Pâques. Nos économies nous le permettaient largement. Notre retour au Québec, effectué sous le signe de la prudence, fut heureusement agrémenté d'un humour qui sut vite se nourrir de la mésaventure de la veille.

Et comme si une méprise ne pouvait survenir seule, je vécus, en cette même période, un événement si cocasse que j'avais encore peine à y croire trois ans plus tard. À la suite d'un accident de voiture, où j'avais été heurtée par l'auto d'un jeune conducteur ne possédant pas de permis de conduire, je dus être hospitalisée. Comme je travaillais à ce moment-là dans un édifice où logeait une firme d'avocats, ceux-ci me prévinrent des séquelles possibles d'un tel accident et de l'importance que je reçoive un pronostic sur la gravité de mon état. Je fus donc contrainte à plusieurs jours d'hospitalisation pendant lesquels je dus subir une panoplie d'examens à la colonne vertébrale. J'attendais désespérément chaque visite du médecin, déçue à chaque fois qu'il ne se prononce ni sur le diagnostic définitif ni sur les traitements à recevoir, et encore moins sur la date de mon congé.

Malgré les soirées endiablées passées avec mes amies en visite, je languissais dans cet hôpital fait pour les vrais malades, et je venais de jurer de ne pas y passer un jour de plus lorsqu'une infirmière vint me prévenir :

— Pas de déjeuner pour vous ce matin, mademoiselle Saint-Pierre.

— Mais pourquoi ?

— C'est aujourd'hui que vous devez être opérée.

— Opérée ? Quelle opération ?

— Vous êtes opérée dans la colonne vertébrale.

— Mais pourquoi ?

— Vous demanderez à votre médecin.

— Comptez sur moi, garde. Il ne me touchera pas sans que je sache pourquoi.

Mais, rien n'y fit : je remuai ciel et terre sans parvenir à lui parler. Le Dr Gagné était introuvable. « Mon avocat ! Il n'y a que mon avocat qui puisse me sortir d'ici dans l'heure qui vient », me dis-je. Un mauvais sort s'acharnait contre moi, tant et si bien que le personnel hospitalier eut le temps de m'administrer une première dose de sédatif avant que j'aie pu entrer en communication avec mon ultime défenseur. Je hurlais, vociférais et tempêtais, mais je tombai vite sous l'effet du calmant, ce qui facilita mon transport au bloc opératoire. « J'aurais donc dû mourir p'tit bébé », pensai-je de nouveau. Je me souviens d'avoir lutté comme une forcenée pour ne pas m'endormir avant d'avoir parlé à mon médecin.

Lorsque je me réveillai, le lendemain matin, je dus m'agiter pour sortir de l'état comateux qui embrouillait mon esprit. Ces murs étaient bien ceux de ma chambre d'hôpital. Mais que s'était-il passé la veille? Je tentais péniblement de reconstruire le puzzle lorsque, des images s'entremêlant dans ma mémoire, je me souvins avoir été transportée sur une civière jusqu'au bloc opératoire. Une peur folle m'envahit alors, me ramenant d'un seul coup à une parfaite lucidité.

« M'avait-on opérée? Où? » Je remuai doucement mes membres, sans ressentir aucune douleur. J'hésitai un instant avant de vérifier mon dos, de crainte qu'il n'ait été victime du bistouri. Là aussi, tout semblait normal. C'est alors que je me rappelai la phrase du médecin lorsqu'il entra dans la salle d'opération, marmonnant le texte du dossier qu'il tenait en main :

—Un cas de prostate, ici? Ce ne sera pas très long, après nous passerons à…

Donat Saint-Pierre et Normay Saint-Pierre pouvaient être confondus dans un envoi publicitaire, mais pas dans les dossiers d'un hôpital.

Je sautai de mon lit, enfouis mes biens pêle-mêle dans ma valise et me sauvai de l'hôpital. « Au diable la signature du médecin! Je n'attendrai pas qu'on me fasse une greffe ou une quelconque

chirurgie esthétique avant de foutre le camp d'ici »,
me dis-je.

Des années après, mes amies et moi prenions
encore plaisir à nous remémorer les soirées de « party »
passées à ma chambre d'hôpital pendant les deux
semaines qui avaient précédé mon aventure au
bloc opératoire.

En cet été qui suivit mon premier téléthon, les
festivités qui animaient les plaines d'Abraham et
les expositions d'œuvres d'art qui coloraient les
petites rues du Vieux-Québec m'aidaient à tromper
l'inquiétude qui m'assaillait en pensant à ce que
l'automne me réservait. Si ma candidature n'était
pas retenue pour la direction artistique du téléthon
1980, je devrais me résigner à l'ordinaire d'un
bureau ou d'un comptoir de vente. Le choc serait
tel que je m'interdisais d'y penser; je préférais
espérer.

Je profitai de la belle saison pour visiter mes
parents plus souvent. Nous étions heureux de nous
revoir, mais chaque rencontre me confirmait que
nous avions perdu toute intimité et que la jovialité
qui avait toujours marqué nos relations n'était plus
de mise. Nous nous quittions chaque fois plus
attristés et plus accablés d'impuissance. Je retour-
nais alors devant notre petite maison, poussée par
l'espoir, que je savais pourtant illusoire, de rattraper

le passé et de lui donner une valeur d'éternité. Le bleu du firmament qui se mirait dans l'eau me berçait de ce bien-être que j'avais connu, assise, là, sur ce même rocher. Étrangement fugitif, ce bonheur m'échappait à l'instant même où je croyais l'avoir bien saisi et caché au fond de mon cœur.

Au début d'octobre 1979, en revenant de l'une de ces visites à mes parents, la réponse à la fois redoutée et espérée m'attendait. Ce fut comme si toute la grève de Rimouski avec le chatoiement de ses eaux était revenue se loger au creux de mon existence.

— Mais il va y avoir de gros changements, cette année, m'annonçait Pauline Demers. Nous serons diffusés sur TVA.

« Wow! Les ligues majeures! » m'écriai-je. Je devais toutefois apprendre qu'il y avait un prix à payer pour y accéder. Multiplier les voyages entre Québec et Montréal n'était qu'un mince embarras comparé aux interminables réunions au cours desquelles mon esprit s'évadait, faute de tout comprendre. Tout ce que je connaissais des « satellites » et des « micro-ondes » n'avait aucun rapport avec la tâche qu'on m'avait assignée. Mis au parfum de mon ignorance, Jean Gagné, notre réalisateur pour la région de Québec, entreprit, non sans y trouver son plaisir, de m'initier au lexique du milieu. Il dut apprendre, en revanche, que Normay Saint-Pierre composait fort bien avec la moquerie, mais qu'elle ne ratait jamais une occasion de renvoyer la balle.

La course aux artistes reprit, plus fulgurante encore, compte tenu de l'importance du réseau de diffusion. Une fois de plus convoités par Télé-Métropole, mes invités tardaient à m'assurer de leur participation. J'entrepris donc d'assister à toutes les émissions de variétés et à tous les spectacles qu'on présentait à Québec. J'appris dès lors à jouer la groupie et à négocier avec les gérants. L'un consentait à nous refiler sa vedette à la condition qu'on accepte son petit dernier à qui il avait promis de faire de la scène avant longtemps et pour qui le téléthon s'avérait la rampe de lancement idéale. Tous exigeaient que leurs poulains figurent à la première ou à la dernière heure du téléthon. « Et les vingt-deux autres heures, monsieur l'agent, qui va les assumer ? » leur demandais-je.

Ingéniosité et procédés de compensation devinrent monnaie courante.

J'avais cru investir dans ce recrutement le maximum de mes talents et de mes énergies quand j'appris, soixante-douze heures avant le téléthon, que la Guilde des musiciens menaçait de se mettre en grève. Commença alors la ronde des négociations le jour et, la nuit, les répétitions en catimini, dans l'espoir qu'un règlement soit signé avant la date fatidique. Exaucée à quelques heures de l'ouverture du téléthon, j'annonçai à l'équipe que le conflit était réglé et je l'invitai à la détente, l'assurant que tout était maintenant rentré dans l'ordre. Erreur! Les frères Maurice «Mad Dog» et Paul Vachon, se croyant investis d'un éclair de génie, venaient s'offrir comme garde du corps pour une chanteuse de renom. Ils furent les seuls étonnés, vexés même, qu'elle refuse inconditionnellement leur escorte. J'en étais à chercher une manière élégante de les éconduire lorsque le gérant du père Gédéon, attendu pour la prochaine performance, demanda que l'humoriste beauceron fasse son entrée sur scène avec tout son cortège.

— Son cortège…

— Sa carriole tirée par deux magnifiques chevaux. Il faut que le public voie ça, madame Saint-Pierre.

— Ce n'est pas vraiment le temps de faire des blagues, monsieur. Le père Gédéon est attendu dans quelques minutes.

Faute de parvenir en trente secondes à faire entendre raison à M. le gérant, les caméramans et toute leur cohorte durent se résigner à tourner cette scène à l'extérieur.

Il ne manquait plus que l'avalanche d'enfants, attirés par l'équipe de Passe-Partout, qui ne voulaient plus quitter la scène, leur temps révolu. À force de promesses et de supplications, je parvins à les éloigner du champ des caméras et à les replacer sur une scène de fortune que mes bénévoles s'empressèrent de leur monter non loin de notre studio.

À la clôture de ce deuxième téléthon de la paralysie cérébrale, l'organisme avait dépassé son objectif et Normay Saint-Pierre, ses limites.

Une quinzaine d'heures de sommeil suffirent cependant à m'en faire oublier les difficultés, me relançant dans la course pour de meilleures performances.

Entre deux téléthons, je vivais mes *down* à la mesure de mes *high*, espérant, le plus naïvement du monde, que je finirais par trouver le moyen de vivre les seconds sans souffrir des premiers. Le vide dans lequel je tombais pendant mes six mois d'attente ressemblait à un mal de vivre sur lequel seule l'action fébrile pouvait exercer un pouvoir curatif.

Depuis leur retour dans le Bas-Saint-Laurent, mes parents adoptifs m'avaient réservé plus d'une surprise. N'ayant pu faire admettre ma mère, encore très autonome, au Centre d'accueil Mont-Joli qui hébergeait mon père, ma cousine Laurence et moi lui avions trouvé un foyer privé, situé tout près de

79

la résidence de son mari. Ainsi, elle pouvait le visiter à son gré en attendant qu'on lui fasse une place.

Peu encline à la résignation et habituée à se débrouiller seule, ma mère prenait souvent, depuis son retour à Mont-Joli, l'initiative de changer de résidence et de ne nous en informer qu'une fois déménagée. Ses pérégrinations ne furent pas toujours des plus heureuses. Les foyers privés n'étaient pas tous recommandables, et certains d'entre eux cachaient même des horreurs. Ma cousine Laurence en fut témoin lors d'une de ses visites : elle trouva ma mère dans un état si affolant qu'elle me pria de me rendre à Mont-Joli dans les plus brefs délais.

Ma découverte fut brutale. Maman Yvonne était devenue une étrangère. Confuse, elle adoptait, par moments, des comportements d'animal traqué. J'exigeai de rencontrer la propriétaire du foyer qui, tout bêtement, prétendit n'y rien comprendre.

—Elle s'est sauvée souvent ces derniers temps, madame Saint-Pierre, ajouta-t-elle, aussi innocemment.

Ma mère n'était pas tombée dans une telle confusion sans qu'une cause extérieure ne l'y ait amenée, j'en étais persuadée. Sur-le-champ, je décidai de la confier à des spécialistes et, pour plus de sécurité, de l'hospitaliser. Mon enquête et le diagnostic furent concluants : ma mère avait été traumatisée. Parole de Normay, cela prendrait le temps qu'il faudrait, mais je ne quitterais pas Mont-Joli avant d'avoir percé ce mystère. Non sans peine, je découvris que ma pauvre mère avait été frappée par un pensionnaire violent. Ce foyer était si mal tenu qu'il dut fermer ses portes peu de temps après que ma mère en eut été retirée.

Hélas ! Le mal était fait. Maman Yvonne avait retrouvé sa lucidité, mais je demeurais bouleversée et plus inquiète que jamais. Tout en moi se rebellait à l'idée que cette femme perdrait la raison et serait désormais menacée de confusion. Ses moments d'égarement m'avaient donné l'impression qu'elle me fuyait, et cet abandon me blessait profondément. Il venait rouvrir une blessure que je m'étais acharnée à colmater grâce à l'amour et aux nombreux privilèges que la vie m'avait réservés depuis mon adoption. Si je n'avais été aussi convaincue de la sincérité de son affection depuis le jour où elle m'avait choisie, j'aurais cru qu'elle me repoussait dans les bras de ma mère de sang, comme si elle avait trouvé qu'elle en avait assez fait pour moi. « Tu as tort, Normay, de penser ainsi. Yvonne Saint-Pierre a toujours fait preuve d'une générosité exemplaire. Il n'y a que la maladie qui puisse la faire agir ainsi », me répétais-je.

Que cet événement ait été l'occasion toute désignée pour qu'elle soit acceptée au même centre d'accueil que mon père ne m'apporta pas pleine consolation. J'étais rassurée, certaine de sa protection, plus heureuse aussi que mes parents puissent se rencontrer sans avoir à sortir, mais la crainte de revoir ma mère dans un état de démence me hantait. Je ne me résignais pas à la pensée que cette belle dame, digne, et des plus subtiles, me présenterait de nouveau un regard vide et des gestes incohérents. Il ne peut exister pire torture que de voir quelqu'un qu'on aime n'être là que de corps, sans que le cœur et l'esprit soient présents.

Un étonnant concours de circonstances m'amena, dans les semaines suivantes, à m'éloigner plus encore de mes parents. L'Association de la paralysie cérébrale m'offrait la direction des collectes de fonds provinciales, et je dus m'installer à Montréal avec Sylvie, une de mes « amies d'armes ».

Le défi était d'envergure et j'éprouvai plus de mal que je ne l'avais prévu à sacrifier ma tâche de directrice artistique. Je me plaisais énormément à transiger avec les artistes et leurs agents. Il m'arriva même de tricher candidement, secondant ainsi le travail d'une novice tout en tirant avantage des bons contacts noués précédemment.

Quand une grève du réseau TVA offrit à Radio-Québec l'occasion, de 1983 à 1988, de prendre la relève de la diffusion du téléthon de la paralysie cérébrale, je me sentis comme un cheval de course sur lequel on vient de doubler la mise : une nouvelle équipe à apprivoiser, une approche différente à intégrer et de gros capitaux à aller chercher. Le défi était d'autant plus grand que Radio-Québec diffusait un téléthon pour la deuxième fois seulement, et que cet événement constituait pour cette station une des meilleures occasions de promotion de l'année. Une émission de variétés avec des artistes de la qualité de ceux qui y figuraient ne pouvait que centupler les cotes d'écoute. La chaîne de télévision, les bénéficiaires du téléthon et les artistes invités, tous y trouveraient leur compte. C'est dans cet esprit que l'équipe de Radio-Québec travaillait. On s'y sentait comme dans une vraie famille. Autour d'une cause commune, techniciens et recherchistes se dévouaient à en oublier leurs droits de syndiqués. Les animateurs, pour ne nommer que Louise Deschâtelets et Serge Laprade, se donnaient avec une ferveur telle que la cause qu'ils représentaient devint celle de milliers de Québécois. Jean-Pierre Ferland, René Simard, Pier Béland, Judy Richard, Céline Dion, Roch Voisine, Robert Charlebois, Gerry Boulet et combien d'autres encore mirent leurs talents et leur charisme au service de cette même cause. Tant d'efforts combinés

83

rapportèrent plus de quatre millions de dollars à l'Association de la paralysie cérébrale.

À bout de souffle, mais combien satisfaite des résultats, je rentrai chez moi avec le goût de relancer la prochaine collecte.

Le lendemain matin, une lettre m'attendait à mon bureau. Elle y avait été déposée par courrier spécial et portait la signature de nul autre que le directeur de la programmation. Que le texte ait été rédigé le soir même, deux heures après que le téléthon eut quitté l'antenne, soit à vingt-deux heures vingt, me toucha profondément. Je n'avais encore jamais reçu pareil hommage.

Par-delà l'émotion, les larmes et la fatigue
Ma chère Normay, je te dis BRAVO !

Le hasard a placé le téléthon sur notre route
Nous l'avons affronté et voilà ce rêve devenu réalité

Partage obscur de l'instant qui nous échappe sans
* raisonnement*
L'oiseau du succès fuit à tire d'ailes
Sur ces lendemains qu'on attend

Avec l'aube, l'espoir cherchera sa place
Avec l'assurance de trouver ton cœur et ton talent

Reçois, ma chère Normay, toute ma reconnais-
* sance et mon amitié*

Je fus si attendrie de ce témoignage d'estime que je pensai qu'il compensait tous les déboires que j'avais dû assumer dans la solitude pendant mes cinq dernières années.

Mes succès s'accumulant, je crus posséder suffisamment d'expérience pour proposer des modifications substantielles au chapitre des collectes de fonds. Il devenait de plus en plus difficile pour une station de télévision de sacrifier vingt-quatre heures de publicité, sans compensation. J'ai donc suggéré que des commandites d'entreprises soient intégrées à nos téléthons. À ma grande surprise, j'ai soulevé un tollé, et provoqué scepticisme et contestation. En dépit de l'assurance que j'avais tenu à dégager devant le conseil d'administration, je suis sortie de la réunion ébranlée, mais non moins déterminée. On ne m'arrêtait pas si facilement : je suis retournée consulter mes druides pour revenir plus convaincue que jamais.

Après six mois d'efforts, de diplomatie et de stratagème, confondant les sceptiques, j'attirais, avec l'aide d'une jeune firme de consultants, la sympathie de trois commanditaires d'envergure.

À ce défi fort mercantile s'ajouta la nécessité de frayer avec la colonie des artistes français, de leur arrivée à l'aéroport jusqu'à la fin de leur séjour.

Impressionnée et soucieuse de bien les servir, je me suis rendue à Mirabel, non pas dans ma Nissan Sentra, neuve pourtant, mais bien à bord d'une limousine rutilante, des enjoliveurs de roue aux bordures chromées des portières. Mon premier accueil fut réservé à la chanteuse et actrice Nicole Croisille et à son joli petit chien, Lilas, qu'elle me pria de prendre sur mes genoux tant le Québec l'excitait. Et pour cause, il arrosa de généreuses mictions les journaux que sa maîtresse s'apprêtait à lire pour mieux s'adapter à l'actualité du public qui l'attendait. Chemin faisant, pour ne pas rompre avec ses traditions, ma célèbre invitée demanda qu'on s'arrête à une pharmacie Jean Coutu où elle trouva mille et un besoins à satisfaire. Je devais taire les miens, même si je savais qu'on m'attendait impatiemment au Complexe Desjardins, toute l'équipe de production vaquant aux derniers préparatifs de l'émission.

Après avoir conduit notre sympathique vedette à l'hôtel Méridien où elle avait l'habitude de séjourner, je courus à mon bureau, assurée qu'une tonne de messages m'y attendaient. L'un d'eux me renversa. Il venait bel et bien de Mme Croisille, qui me pressait d'aller acheter de la nourriture pour son petit Lilas affamé. « Elle n'aurait pas pu y penser plus tôt ? Elle vient tout juste de passer chez Jean Coutu ! » m'exclamai-je.

Le lendemain, j'allai accueillir un chanteur qui se montra fort documenté sur les particularités de notre pays. Il n'avait pas encore quitté l'aéroport de Mirabel qu'il passait une commande de mocassins au village huron de Loretteville. Deux paires plutôt qu'une. Avant d'entrer à l'hôtel Méridien où une chambre lui était réservée, il demanda au chauffeur de faire un détour par « la Main », pour y savourer un bon hot-dog. Ses six heures d'avion lui avaient permis de découvrir que Robert Charlebois donnait un concert à la Place des Arts, le lendemain soir. À vingt-quatre heures d'avis, il allait de soi, selon « notre cousin français », que je remue mer et monde pour lui réserver un billet et pas dans n'importe quelle rangée. Une place de choix, quoi ! Aux douceurs du palais et de l'oreille, il manquait encore un plaisir que seul un Centre Nautilus pouvait lui procurer. Je dus donc voir à ce qu'il y soit conduit dans les meilleurs délais. Je croyais avoir comblé toutes les fantaisies de monsieur lorsque j'appris, quinze minutes avant qu'il monte sur scène, qu'il ne chantait jamais sans avoir au préalable avalé son verre de scotch. L'envie me vint de lui répliquer : « Après ce que vous venez de faire cet après-midi, je comprends que vous ayez besoin d'un remontant. »

Une dame en furie, accompagnée de deux agents de sécurité, était venue réclamer qu'on la laisse monter à la chambre du chanteur. Sa fille de seize ans s'y trouvait, prétendait-elle. Pour éviter des poursuites judiciaires et un scandale pour le téléthon, j'avais insisté pour aller moi-même frapper à la porte de monsieur et ramener la jeune fille à sa mère.

Cette expérience m'apprit qu'il serait préférable que j'habite le même hôtel que nos invités de la mère patrie. Ce que je fis pour la célébration du dixième anniversaire de l'Association de la paralysie cérébrale pour laquelle nous avions invité une dizaine de vedettes françaises, dont Salvatore Adamo. L'inoubliable chanteur devait être entouré de mille et une précautions, ayant subi, quelques mois auparavant, une importante intervention chirurgicale. Je l'ai trouvé dans un état de nervosité extrême à l'aéroport. Et pour cause, pendant le voyage, on avait égaré son piano d'une valeur de sept mille dollars. Nous disposions de moins de vingt-quatre heures pour effectuer les recherches. Un défi digne du FBI. Ma disponibilité étant réduite, compte tenu de mes nombreuses responsabilités, j'ai donné des instructions précises à mon équipe et je suis partie, le lendemain, accueillir M. Cocciante, le célèbre chanteur italien, à l'aéroport de Mirabel. Il faisait un froid de canard. J'ai regretté de ne pas avoir apporté à ce gentil homme le manteau de fourrure que le gérant de M. Adamo avait exigé la veille et que j'avais dû laisser sur le siège arrière de la limousine, tant la température était clémente. J'ai traité cet artiste avec d'autant plus de sympathie qu'il se montrait timide et peu exigeant. Avant de l'accompagner jusqu'à la chambre qu'on lui avait réservée, je lui ai laissé, comme à tous les invités, le numéro de téléphone où il pouvait me joindre. Le temps de me rendre à la mienne, je recevais un appel, non pas cette fois pour demander mais pour offrir. Un porte-documents qui n'appartenait pas à M. Cocciante s'était en effet glissé dans ses bagages. Arrivée à sa chambre, j'ai découvert que cette mallette était enregistrée au nom de M. Adamo. N'était-ce pas le signe qu'on avait retrouvé ses bagages ? Peut-être étions-nous sur la bonne voie pour réclamer son piano ? Je me suis empressée de téléphoner à M. Salvatore Adamo.

—Mon piano ! Merci madame. Enfin ! Mon piano ! s'exclama-t-il.

« Réjouissance prématurée », me dis-je, m'imposant de le ramener à la réalité.

—Nous sommes probablement sur la bonne piste pour le retrouver, monsieur Adamo. Donnez-nous encore une heure et peut-être serons-nous en mesure de vous indiquer où il se trouve.

—Je ne comprends pas, riposta M. Adamo. Vous venez de me dire vous-même, il y a quelques secondes, qu'il se trouvait dans la chambre de M. Cocciante ?

J'apprenais, le plus humblement du monde, qu'un piano spécialement conçu par des Japonais à l'intention de M. Adamo pouvait tenir dans un porte-documents à peine plus gros qu'une machine à écrire portative.

Fière des quatre millions de dollars qu'avait rapporté ce téléthon, je quittai la permanence de l'Association pour laquelle je travaillais depuis cinq ans à titre de directrice des collectes de fonds et on m'offrit d'en reprendre la direction artistique. C'est dans cette fonction que j'éprouvais le plus de satisfaction et je n'eus qu'à m'en féliciter puisque deux autres organismes, Opération Enfant Soleil et l'Association canadienne de la dystrophie musculaire, informés de ma disponibilité, m'embauchèrent à ce même titre.

J'ai trouvé, à l'Association canadienne de la dystrophie musculaire, un milieu de travail d'une qualité exceptionnelle. Quel privilège que celui de faire partie d'une équipe aussi ouverte au change-ment et au progrès ! J'appuyais de tout cœur la volonté des dirigeants et des animateurs qui voulaient faire de ce téléthon un événement uniquement québécois. Depuis des années, le téléthon de Jerry Lewis occupait les ondes pendant toute la fin de semaine de la fête du Travail. Graduellement, l'Association canadienne de la dystrophie musculaire incorpora une portion de sa propre production à la programmation et elle y demeura plus d'une dizaine d'années pour enfin l'éclipser totalement. Dorénavant, nous présenterions notre téléthon et occuperions les vingt-quatre heures d'antenne au bénéfice de nos malades.

Une expérience ponctuée de défis et d'imprévus. Comme la vie à laquelle j'aspirais depuis toujours.

Le vent dans les voiles, je repartis à la recherche de ce paradis perdu qu'était le cœur de celle qui m'avait portée au temps de sa jeunesse. Mes chances semblaient meilleures du fait qu'un organisme avait été créé, cinq ans plus tôt, pour venir en aide à tous les enfants qui désiraient retrouver leur mère biologique. Je m'inscrivis donc au Mouvement Retrouvailles et décidai d'assister à son congrès. Plus de cinq cents adoptés étaient présents, entourés de quelques mères à la recherche de leur enfant. Spectacle questionnant : pas un seul homme ne demandait à connaître son enfant. S'en trouvait-il qui cherchaient leur père ? J'en doutais. Des naissances sans père… Comme si seule la femme pouvait être imputable d'avoir abandonné son enfant. Les témoignages que j'y ai entendus m'ont bouleversée au point que j'ai quitté le congrès avant la fin. Je me dissociais de l'amertume, de la révolte et de la colère de certains témoins.

J'avais toujours cru que le destin m'avait, somme toute, favorisée, mais jamais je n'en fus aussi consciente que lors de cette assemblée. Ma gratitude et mon attachement pour mes parents adoptifs y trouvèrent leur compte. Déjà engagée dans la quarantaine, je me sentais de toute part pressée de rattraper le temps perdu. Ce temps que j'avais passé, privée de l'amour de celle qui me cherchait. Ce temps où je n'étais pas parvenue à dire à mon père adoptif que je l'aimais, à exprimer à maman Yvonne toute l'admiration que je lui portais.

Déterminée à réussir cette entreprise comme j'avais réussi mes dix premières années de téléthon, je ne ménageai rien qui puisse faciliter ma recherche. « Avant la fin de cette année, me dis-je, cette femme aura un nom et un visage dans mon esprit. »

Trois mois après avoir déposé ma requête, le Centre des services sociaux me faisait parvenir une lettre que je tirai de l'enveloppe d'une main tremblante, mon cœur battant la chamade. Je la lus une première fois, puis une seconde fois. J'eus l'impression de glisser dans un mauvais rêve dont je souhaitais sortir. J'aurais voulu, en ce beau jour de mai, éclater, crier par les carreaux ouverts que ma mère ne m'avait pas oubliée. Qu'elle m'avait cherchée. Que je la retrouverais. « *Cinq ans après votre naissance, votre mère a voulu vous reprendre* », écrivait-on. J'étais donc une enfant de l'amour. J'en avais toujours eu la profonde certitude. Le fait qu'elle avait voulu m'intégrer dans sa famille, avec l'homme qu'elle avait épousé, un homme qui n'était pas mon père, spécifiait-on, me le confirmait. Que celui-ci consente à me prendre pour son enfant me parlait haut de toute la place que ma mère m'avait gardée dans son cœur. Comment ne pas me désoler d'avoir été adoptée avant qu'elle soit prête à venir me chercher ? D'autre part, que serais-je devenue s'il avait fallu que je vive pendant cinq ans dans le désert affectif qui a marqué mes six premiers mois ?

Dix-neuf ans. Elle avait dix-neuf ans lorsqu'elle m'avait mise au monde, loin de sa région natale de Gaspésie – Îles-de-la-Madeleine, m'indiquait-on.

Dans la même période de notre vie, le destin nous avait donc conduites dans la même direction ; comme elle, autour de la vingtaine, j'avais quitté la Gaspésie pour venir à Québec. Y était-elle demeurée, tout comme moi, ou était-elle retournée parmi les siens après ma naissance ? Mystère que je n'aurais pas de mal à éclaircir à partir des renseignements que je détenais maintenant.

Caroline-Pascal, tel était le prénom que ma mère m'avait donné. Sans doute était-ce pour célébrer cette période pascale où j'avais vu le jour, entre ses bras. Un doute m'effleura l'esprit. Lui avait-on accordé, au moins, ce privilège de me serrer sur son cœur avant de m'abandonner à la froide solitude de la pouponnière ? Avait-elle pu examiner mes mains et mes pieds, voir la couleur de mes yeux, coller ma joue sur la sienne, m'embrasser à sa convenance ? Et s'il s'était trouvé qu'on me retira de son ventre sans lui permettre une caresse sur ma peau ? Qu'on lui ait refusé jusqu'au baiser d'adieu ? Quelle déchirure a-t-elle dû vivre alors, et au nom de quoi ? Quelle vertu aurait pu asservir l'amour ? La nécessité d'expier une erreur ? Mais qui pouvait présumer d'un moment d'égarement et en juger la gravité ? Je m'interdis d'imaginer plus longtemps un scénario aussi révoltant. Plus je relisais la lettre, plus il m'apparaissait plausible que ma mère ait succombé à un amour passionné mais interdit. N'était-ce pas à ce même âge que j'avais été demandée en mariage ? J'en vins à la conclusion que nos routes se ressemblaient trop pour ne pas se croiser.

L'exemple de Lise, de Ghislaine, de Nicole et de certaines autres m'incitait à croire que dans trois mois, au plus, les services sociaux me remettraient un dossier complet sur mes origines et auraient établi un premier contact avec ma mère de qui je pourrais, par la suite, obtenir des informations relatives à mon père. Je nourrissais l'espoir que mon dossier soit traité dans les mêmes délais, du fait qu'il y avait concordance de demandes, l'apparence d'un même désir, chez moi et ma mère, de nous retrouver. En attendant, je maintenais mon engagement dans le Mouvement Retrouvailles, lequel venait de mettre au point un programme de préparation et de suivi pour parents et enfants en recherches. Les témoignages bouleversants de personnes qui avaient essuyé un refus en avaient démontré l'urgence. D'autres adoptés avaient imprudemment tenté de récupérer vingt ans, trente ans de leur vie dans les premières minutes de leurs retrouvailles, et en avaient souffert.

« Si elle le veut et si Dieu le veut », telle était ma devise.

Aux insistances multipliées auprès des services sociaux, j'ajoutai ma participation à l'émission télévisée *Coup de cœur* animée par Shirley Théroux, qui, chaque semaine, réservait des moments d'antenne aux personnes qui désiraient retrouver parents ou enfants. Pour la première fois de ma vie, j'avais la possibilité d'être entendue de ma mère. Son cœur allait battre à tout rompre lorsqu'elle lirait, au bas de l'écran, «Caroline-Pascal, née le 31 mars 1945». Mon émotion était telle que, en dépit de mes dix ans de pratique dans le milieu artistique, je parvins difficilement à me contrôler. J'avais l'impression de jouer ma vie, et je ne disposais que de cinq minutes pour le faire. Je me sentais captive du dicton qui affirme qu'«on n'a jamais une deuxième chance de donner une première bonne impression». Lui ressemblais-je ou lui rappelais-je plutôt cet homme dont le code génétique avait pu modeler les traits de mon visage et moduler ma voix? Le cas échéant, était-ce, pour elle, le rappel d'un douloureux cauchemar ou l'évocation d'un premier grand amour?

Contrariée de ne détenir aucun pouvoir sur mon apparence physique, je tempêtais intérieurement contre le caméraman qui, en me pointant son appareil sur le bout du nez, me désavantageait au plus haut point. Mon expérience de la télévision m'en avait trop appris sur le sujet pour que je ne sois pas dérangée par ses prises de vue. Je me ressaisis cependant, considérant, avec la plus élémentaire lucidité, que si je n'étais pas une beauté, je pouvais compenser par les mots et par le ton que

j'allais choisir pour livrer mon message. Une atti-
tude empreinte de simplicité et de bonté pouvait
inciter cette femme de soixante-deux ans à s'em-
presser, aussitôt l'émission terminée, de s'identifier
et de faire savoir sa volonté de me rejoindre dans
les plus brefs délais. J'avais la certitude intérieure
qu'elle regardait TVA ce matin-là. Qu'étant informée de cette série d'émissions, elle n'en avait manqué aucune, dans l'espoir qu'une femme née à Québec le 31 mars 1945 s'y présente et réclame de
connaître sa mère. C'est à elle que j'adressai mes
réponses lorsque Shirley me questionna. C'est à elle
que j'affirmai ne vivre aucune amertume envers celle
qui avait dû me confier à l'adoption pour des raisons
de santé, comme m'avait appris maman Yvonne. Je
tins à lui dire que non seulement je ne lui en tenais
pas rigueur, mais que je la remerciais de m'avoir
donné la vie dans des conditions que je supposais
très difficiles en ces années, plus encore dans les
campagnes et les petites villes. Je trouvai important qu'elle sache que mes parents adoptifs avaient
toujours souscrit à mes vœux de la retrouver.

L'émission devait se terminer sur l'ultime message que je désirais exprimer à ma mère : « Si vous
me regardez, maman, je veux que vous sachiez que
j'ai encore beaucoup d'amour à recevoir et à donner, et que c'est avec vous que je souhaite vivre ce

partage. » J'étais convaincue qu'à ce moment une même émotion nous habitait elle et moi, et qu'un même désir d'ouvrir nos bras nous poussait l'une vers l'autre.

J'étais obsédée par l'idée de rencontrer cette femme pour qui j'avais été l'occasion de vivre pour la première fois la magie créatrice de la maternité. Avait-elle pu ressentir l'enchantement de voir, comme d'autres mères, se développer en son sein un être qui se nourrit de son corps, de ses pensées et de ses émotions ? Si les explications de maman Yvonne étaient exactes, elle avait pu expérimenter ce bonheur, ignorant, pendant sa grossesse, que la maladie l'obligerait à m'abandonner. De cela aussi, elle me parlerait au fil de nos rencontres.

Les visites que j'effectuais à l'hôpital Sainte-Justine dans le cadre de la préparation du téléthon Opération Enfant Soleil nourrissaient mon obsession. Je ne pouvais voir ces enfants, les écouter, sans me demander quelle aurait été ma relation avec ma mère biologique. Certains m'en distrayaient par leur originalité et leur spontanéité. Le petit Maxime, hospitalisé pour une transplantation cardiaque, se mit à pleurer lorsque je lui demandai de me parler de sa maladie.

— Tu as peur que ça te fasse mal, cette opération ? lui ai-je demandé.

Lorsqu'il parvint à maîtriser ses sanglots, il me chuchota à l'oreille :

— J'ai peur qu'on me mette un cœur de fille.

— Tu ne voudrais pas avoir un cœur de fille ?

L'enfant protestait, prêt à pleurer de nouveau.

— Mais pourquoi ?

— Parce que je ne pourrais plus jouer au baseball.

Je réprimai un fou rire et trouvai, je crois, les mots qui allaient le rassurer. Il me supplia, cependant, de ne pas répéter cette confidence à sa mère.

— Tu veux me dire pourquoi ?

— Parce qu'elle ne pourra pas comprendre, elle n'aime pas le baseball.

Je lui en fis promesse et je la tins jusqu'à ce jour, espérant que, vingt-cinq ans plus tard, il pourrait non seulement faire du sport, mais aussi mener la vie dont il rêvait.

Lorsque je sortais de cet hôpital, laissant derrière moi tant d'enfants dont les mères souhaitaient plus que tout au monde leur retour à la maison, j'étais encore plus convaincue de l'accueil que me réserverait la mienne.

CHAPITRE III

À celle qui choisit la vie, pour qui le goût de vivre est plus fort que le sentiment d'abandon, on ne peut que répondre oui. Accrochée à cette implacable logique, j'attendais, jour après jour, l'invitation de celle qui habitait mes veilles et mon sommeil depuis mon passage à TVA. Dans ses bras, je puiserais le courage de traduire à mes parents adoptifs des sentiments qu'une fausse pudeur et une inexplicable timidité avaient occultés.

S'écoulèrent sept mois d'attente stérile, au terme desquels j'allais perdre mon père.

La première fois qu'il avait failli nous quitter, ma mère et moi, je vivais un événement des plus déterminants, mon premier téléthon. Cette fois, il était conduit vers sa dernière demeure à quelques jours d'une émission que je préparais avec Michel Louvain, *Le Noël du bonheur*, dédiée aux personnes âgées. Mon père, cet homme que j'avais admiré plus que tout au monde, était parti sans que je sois parvenue à lui dire cette petite phrase à la fois si simple et si difficile à formuler : « Je t'aime, papa. » Bien sûr, il l'avait senti dans l'expression de ma reconnaissance, dans mon empressement à exaucer ses vœux, et dans ma volonté de lui assurer le plus grand bien-être possible. Sans doute l'avait-il compris à l'occasion de la fête que j'avais organisée pour son cinquantième anniversaire de mariage avec Yvonne. Mais ce n'était pas suffisant. Ces trois mots qui lui auraient fait tant de bien demeuraient emprisonnés dans mon cœur.

Près de son cercueil, j'entendais l'appel à la réjouissance d'un homme qui s'était passionnément épris de la vie, et qui avait su, le moment venu, la quitter sereinement. Je constatais que tous ceux qui entouraient sa dépouille mortelle avaient aussi entendu cet appel. Je me demandais même si tel n'était pas le motif qui avait incité ma mère à ne se présenter ni au salon funéraire ni à l'église. D'un calme frôlant le stoïcisme, maman Yvonne avait choisi de ne rejoindre la parenté qu'après les funérailles, au moment où, partageant le buffet, parents et amis racontaient leurs plus amusants et leurs plus élogieux souvenirs de mon père. En les écoutant, j'étais traversée d'émotions contradictoires. Heureuse qu'on célèbre la mémoire d'Ovide, j'angoissais en observant celle qu'il laissait derrière lui.

Yvonne Saint-Pierre avait toujours suivi son homme lors de ses multiples déménagements. Elle avait sacrifié ses dernières années de liberté pour le rejoindre dans un centre d'hébergement, où elle ne savait que faire de son autonomie et de sa lucidité tant elle se démarquait de la clientèle qui l'entourait. Qu'allait-elle devenir maintenant ? La question était d'autant plus cruciale que ma mère était une femme qui ne confiait jamais ses états d'âme. Que cachait-elle derrière cet écran de froide sérénité ? Une trop grande fragilité ? La crainte de déranger ? J'aurais voulu l'emmener et l'envelopper d'une telle tendresse qu'elle laisse libre cours à ses émotions, au moins une fois dans sa vie. L'aurais-je pu qu'elle s'y serait probablement refusée, préférant finir ses jours à l'ombre de son mari. Je confiai mon désarroi à Laurence, ma précieuse et bien-aimée cousine, qui me promit de veiller sur ma mère comme si elle était la sienne. Je n'eus point de peine à la croire tant son mari, ses enfants et elle-même avaient fait preuve de dévouement à l'égard de mes parents depuis leur retour dans le Bas-Saint-Laurent.

Je repris la route de Montréal, quelque peu réconfortée, mais plus seule que jamais. J'avais perdu mon héros avant même de retrouver celle qui, dans des circonstances encore nébuleuses, m'avait permis de connaître cet être exceptionnellement bon et doué pour le bonheur qu'était Ovide Saint-Pierre.

Une autre épreuve plus cruelle encore et combien redoutée m'attendait. Peu après le décès de mon père, ma mère sombra dans une confusion, que les soins médicaux ne parvinrent pas à traiter. Était-ce l'effet d'un chagrin trop refoulé ? Témoin de son attachement à son mari, j'étais prête à l'affirmer. Exclue de la vie religieuse pour des raisons de santé, Yvonne en avait gardé l'esprit d'abnégation ; elle avait donné tout son amour à Ovide, à leur petite Carmen et à moi, l'enfant qu'elle avait sortie du désert affectif dans lequel je survivais depuis ma naissance. Il était inconcevable qu'elle ait, en possession de tous ses esprits, retiré de son doigt le jonc qui l'avait unie à mon père pour cinquante ans de bonheur. Inconcevable qu'elle repousse sa fille adoptive comme elle le fit ce dimanche-là. Ce regard vide, que j'avais tant imploré le ciel de m'épargner, et ce geste de la main, qui rejetait mes caresses, n'étaient pas ceux d'Yvonne. Ou quelqu'un venu d'un autre monde l'habitait, ou bien Ovide avait emporté avec lui le cœur de sa douce, ne me laissant, le temps que j'apprivoise le grand dépouillement, que l'ombre de celle qu'il avait aimée.

Cette épreuve m'invitait au détachement. Ma raison y consentait, mais tout le reste de mon être s'y refusait. Il me semblait qu'en me quittant, maman Yvonne emporterait avec elle une partie essentielle de moi : mon histoire d'amour avec les parents adorables qu'ils avaient été, mon appartenance à une famille qui m'avait accueillie comme si j'avais été une vraie Saint-Pierre. Jamais je ne m'étais sentie aussi démunie. L'intrépide Normay, l'aventurière, la fonceuse, avait à nouveau deux ans et elle avait besoin de sa mère. J'avais appris à marcher, mais je craignais de trébucher à la moindre embûche si elle ne me tenait pas la main. J'avais appris à parler et à me défendre, mais il me semblait que, sans elle, je ne trouverais ni les mots ni les outils nécessaires à ma protection. Sans ma mère, je me sentais exposée à tous les vents, sans bouée de sauvetage. Je la suppliai de me donner le temps de me bâtir un port d'attache avant qu'elle ne s'en aille rejoindre son mari.

Je crus ce moment imminent lorsque, sur le chemin du retour, un oiseau vint s'écraser contre le pare-brise de ma voiture. Maman Yvonne avait toujours soutenu qu'un tel incident présageait la perte d'un être cher. Je rentrai à Montréal avec la crainte qu'un message sur mon répondeur m'informe du décès de ma mère.

Dieu merci ! Il n'en était rien.

Pour Yvonne, les dix-huit mois qui avaient suivi le décès de son mari avaient été trop longs. Mais pour sa fille adoptive, ils avaient été trop courts. Trop courts pour qu'elle ait le temps de lui dire : « Tu peux partir en paix, maintenant. J'ai retrouvé, comme tu me l'avais tant souhaité, celle qui m'a donné la vie. »

En plein cœur de juillet, je vécus le pire de tous les hivers. Le deuil de ma mère se doublait de celui d'une relation sentimentale. Et comme si ce n'était pas suffisant, l'Association de la paralysie cérébrale, elle qui m'avait lancée dans une aventure vertigineuse mais combien féerique, me destituait de mon rôle de directrice artistique. La « reine des téléthons » était sur le point d'obtenir son congé définitif. C'était à n'y rien comprendre.

Avec la nomination d'un nouveau directeur, un souffle de changement ébranla mon univers. J'étais ouverte à la nouveauté et prête à m'y adapter. Jamais il ne m'était venu à l'idée que le personnel doive en être affecté. Lorsque j'appris que l'équipe de production avait été presque entièrement remplacée, je sentis un frisson me parcourir le dos. Comme si, tel un fantôme maléfique, le malheur avait rôdé autour de moi.

Ces changements, qui se produisaient à la vitesse d'un TGV, et tout le branle-bas qui secouait les médias étaient précurseurs de ma destitution et s'inscrivaient dans le courant de morosité qui balayait ma vie depuis quelque vingt mois. Cette morosité se teintait tantôt d'une grande nostalgie, tantôt d'un profond sentiment d'échec et d'impuissance. J'eus la sensation tout à coup d'être traquée par la fatalité. Comme maman Yvonne l'avait été par ce pensionnaire violent qui l'avait rendue confuse à force d'effroi. Étais-je sur le point de sombrer à mon tour ? J'en eus si peur que je fis appel à un bon ami thérapeute.

Pour la première fois de ma vie, l'angoisse au ventre, je prenais réellement conscience du caractère éphémère de toute chose, de la popularité, du succès, de la fidélité, même. À l'instar de mes liens affectifs, que la mort et d'autres causes encore mystérieuses étaient venues briser, tout ce qui me restait menaçait de s'effriter. Je n'aurais pu dire laquelle, de la perte de mes parents ou de la rupture avec mon « association mère », creusait le plus grand vide en moi. Les premiers m'avaient communiqué l'appétit et le goût du bonheur, et l'association m'avait permis de le savourer. « Comme lors d'un grand banquet, où l'ambiance ajoute à la saveur des mets », pensais-je, au moment où je me voyais sur le point de perdre mon principal gagne-pain.

À ce banquet auquel je croyais être indéfiniment conviée, j'avais nourri tous mes appétits. Le plus naïvement et le moins méchamment du monde, j'en avais presque fait ma raison de vivre, mon bonheur éternel et exclusif. J'adorais à ce point mon travail qu'il était pertinent de se demander s'il y avait une place véritable pour un amour dans ma vie, pour de l'intimité à mon agenda. Je ne pris conscience de cet engagement excessif qu'au moment où je devais affronter la perte de mes amours et la menace d'être définitivement évincée de mon « association mère ».

Alors que j'allais décréter qu'il ne pouvait exister d'amour durable, je constatai que je ne m'engageais jamais la première. Que j'attendais toujours qu'on me choisisse. Or, l'illusion de m'en être bien tirée cédait aussitôt le pas à un épineux sentiment de culpabilité. Pour semer l'illusion de ne jamais quémander l'amour, et incapable de m'avouer que je n'aurais jamais supporté d'être repoussée, je m'installais dans le confort de celle qui a été choisie. Je pouvais ainsi cacher ma vulnérabilité derrière l'image d'invincibilité que j'aimais donner. Or, j'avais et j'ai encore l'amour fragile.

Si le désert affectif qui a marqué les premiers mois de ma vie et ma difficulté à faire la part des choses ont servi ma carrière, ils ont sapé mes amours. Craignant l'abandon, j'ai toujours abordé mes relations affectives avec une circonspection telle qu'elle grugeait le peu de disponibilité qu'il me restait pour l'être aimé. Il n'y avait donc pas que le travail qui prenait trop de place, mes peurs aussi, mais de façon moins consciente, plus instinctive.

Autre illusion, je croyais que plus j'afficherais de performance au travail, plus on m'aimerait. Une expérience sembla me donner raison lorsque, nouvellement engagée dans le Mouvement Retrouvailles, je rencontrai une personne née la même année et dans la même semaine que moi, placée dans la même crèche et dans la même salle que moi. De confidences en confidences, j'avais eu l'impression de vivre quelque chose de si unique et de si providentiel que je plongeai aveuglément dans cette relation. Si aveuglément que je glissai de l'amitié à une symbiose comparable à celle que peuvent vivre des jumelles, sans me rendre compte que l'autre simulait des sentiments réciproques pour mieux profiter des avantages de mes fonctions. Trahie et terriblement déçue, j'aurais pu nourrir des désirs de vengeance si je n'avais pris conscience de la vulnérabilité qui m'affectait à la suite des pertes successives que je venais de vivre. Comme dans bien d'autres circonstances de ma vie, je m'étais donnée entièrement à cette relation et à tout ce qui s'y apparentait. Je payais cher pour avoir mis tous mes œufs dans le même panier et n'avoir pas su me protéger.

Lorsque, dans le cadre de mon engagement à Opération Enfant Soleil, j'eus à côtoyer des enfants de l'hôpital Sainte-Justine, je retrouvai en eux cette naïveté qui avait été la mienne fort long-temps et dont j'avais tiré, devais-je l'avouer, le maximum d'avantages. En compagnie de ces petits malades, que je visitai régulièrement après mon premier tournage avec cet organisme, j'éprouvais cependant un malaise qui, loin de s'atténuer avec la fréquence des visites, s'intensifiait. Cet incon-fort, qui n'avait rien à voir avec la maladie, me poussait à faire mille détours pour ne pas passer devant la pouponnière. Le « mal d'être » qui m'en-vahissait chaque fois que je voyais cette salle devint insupportable. Le spectacle, même passager, du bébé séparé de sa mère et abandonné entre les mains d'étrangères me bouleversait toujours.

Cette détresse profonde m'envahissait aussi chaque fois que j'entrais dans une animalerie. J'avais été ce petit animal en cage qui attend, pour être libre, que quelqu'un veuille bien de lui. Lorsque je parvenais à approcher ces petits animaux, j'aurais voulu les emmener chez moi pour leur prodiguer les soins et l'affection dont ils avaient besoin. J'aurais voulu les prendre sous mon aile pour les protéger contre d'indignes acheteurs, comme, après la mort de mon père, j'avais souhaité protéger ma mère de la démence et de la prison du silence.

Que le rôle de sauveur m'ait toujours attirée, je n'en fus pas surprise. Mais d'éprouver une certaine nostalgie pour la maternité m'étonna. Mon travail m'avait-il donc tenu lieu d'amants et d'enfants pour que je ressente un tel vide affectif au moment d'en être privée ? Je constatai, pour le sentir dans ma propre chair, que les liens du sang étaient plus forts que la mort. Plus forts que le silence, que l'éloignement, que l'absence même. Mais il était trop tard. Sans parents, sans frères ni sœurs, je devais aussi apprendre à vivre sans enfant. Sans ce prolongement d'elle qui renvoie à une mère son image, qui se construit sur l'amour et la confiance qu'elle lui témoigne, qui est heureux de tout le bonheur qu'elle a rêvé pour lui. Cet être qui, jusqu'à la fin de sa vie, parlera d'elle au-delà de ses silences, dans ses choix et ses refus, comme dans ses espoirs et ses chagrins.

Avec des parents comme ceux qui m'avaient adoptée, j'avais eu jusque-là l'impression d'avoir gagné le gros lot. Mais en y réfléchissant, je me demandais si je n'avais pas raté quelques occasions de bonheur au cours des vingt dernières années. Le jour de mon congédiement de l'Association de la paralysie cérébrale, il m'apparut clairement qu'une autre chance m'était accordée. Était-ce la dernière ? Je la considérai comme telle, résolue à remporter la cagnotte. Je redoublai d'insistance dans mes requêtes auprès des services sociaux et je m'engageai à fond dans le Mouvement Retrouvailles. En découvrant mes origines, je trouverais un nouveau souffle de vie, des racines solides, mes vraies racines, et je me rebâtirais une vie plus équilibrée. Si la mi-quarantaine constituait un tournant dans la vie des gens, elle me placerait devant le chemin le meilleur.

Le Mouvement Retrouvailles comptait déjà plusieurs victoires, soit quelques centaines d'orphelins ramenés à leur mère. Or, certains dossiers semblaient être relégués au fond des tablettes pour des raisons nébuleuses. Le mien était de ceux-là. Était-ce pour ne pas avoir à me dire : « Il est trop tard, votre mère est décédée » ? Ou était-ce parce que ma mère biologique avait exigé que mon dossier demeure secret ? Dans un cas comme dans l'autre, j'avais besoin de savoir. S'il est un droit dont je ne doutais pas, c'était bien celui de posséder toutes les informations relatives à mes origines. Dans l'éventualité où ma mère avait demandé l'anonymat, j'allais insister pour qu'on l'informe de mes démarches : elle avait pu changer d'avis après quarante ans. Et si, dans la pire des conjonctures, la mort me l'ait ravie, je souhaiterais au moins me recueillir sur sa tombe en tentant de reconstituer, de tout ce que je pourrais apprendre d'elle, le tableau de son existence et celui de ma naissance.

Après plusieurs autres mois d'attentes infructueuses, je décidai de prendre les grands moyens. J'acheminai une requête au tribunal pour exiger du Centre de services sociaux (CSS) qu'il me donne accès à mon dossier et se mette à la recherche de ma mère. J'étais loin d'imaginer qu'en recevant copie de ma requête, les responsables de mon dossier au CSS useraient d'intimidation pour m'y faire renoncer. « Si vous retirez votre poursuite, madame Saint-Pierre, nous allons tout faire pour activer votre dossier », me promit « Mme CSS », jusqu'au matin même de la comparution. « Comparution », ce mot me fait encore monter l'indignation au cœur. Pour n'avoir pas eu la même chance que la majorité des bébés qui naissent, je me voyais conduite au banc des accusés. Je devais me justifier. Mais de quoi ? De vouloir retrouver ma mère ? Je frôlais l'absurdité à son état le plus pur.

Accompagnée pour cette occasion de mon amie Lise Le Bel, animatrice au Mouvement Retrouvailles, je fus assise juste à côté de la responsable de mon dossier au CSS. Je trépignais de curiosité en la regardant sortir de sa mallette une pile de documents sur laquelle elle joignit les mains en attendant de les présenter à M. le juge. J'étais à deux doigts de savoir comment s'appelait ma mère, où elle habitait, ce qu'elle était devenue. J'avais l'impression de vivre à ce moment ce qu'elle avait dû souffrir au moment de ma naissance : on lui avait montré son enfant, mais pour le lui retirer l'instant d'après, pensai-je, à la lumière des témoignages entendus. Je n'avais pas prévu pareil affront : refusant de me permettre de retrouver ma mère, de me donner accès à ma vie, des étrangers s'appropriaient ce qui m'était le plus intime, le plus personnel et le plus précieux ! Ce faisant ils exerçaient le même pouvoir abusif que tous les parents qui ont imposé à leur fille d'abandonner son enfant pour sauver leur honneur. « Qu'est-ce que M. le curé va penser ? Les voisins ? La parenté ? » Après avoir annoncé l'ouverture de l'audience, le chef du contentieux nomma les personnes impliquées dans l'accusation et lut ma déposition.

— Madame Normay Saint-Pierre, ici présente, réclame que les responsables de son dossier au Centre de services sociaux de Québec entament dès aujourd'hui les démarches nécessaires pour retrouver sa mère biologique et informent celle-ci de la volonté de sa fille d'entrer en contact avec elle.

Sans attendre qu'on m'y invite, d'un signe de la tête, j'approuvai le libellé. M. le juge me fixait du haut de sa prestance.

— Pourquoi voulez-vous retrouver votre mère ? me demanda-t-il, d'une voix tonitruante mais paisible.

— Je veux connaître mes origines et je sais que j'y ai droit, Monsieur le juge.

— Pourquoi recourir à la Cour ?

— À cause de la lenteur des procédures, Monsieur le juge. Mon dossier aurait dû être traité en priorité, vu la concordance des demandes, et ça fait huit ans que ça traîne.

Il s'adressa ensuite à Mme CSS.

— Vous connaissez le dossier de Mme Saint-Pierre ?

— Oui, votre honneur.

Je retins mon souffle, tant je ne voulais rien perdre de leurs propos. J'aurais voulu qu'il oblige Mme CSS à dévoiler tout ce qu'elle savait. Qu'il plaide ma cause, l'estimant justifiée. Mais il n'en fit rien.

— Pourquoi n'avez-vous pas encore donné suite aux demandes de cette dame ?

— Parce que nous ignorions que le fait de ne pas connaître ses origines la plaçait dans un état de détresse psychologique, justifia-t-elle.

Le mot détresse me fit sursauter. Qu'il en aille de ma santé mentale que je retrouve ma mère ne signifiait pas que je sois en « détresse psychologique ». Bien plus, il était fortement déconseillé d'entreprendre des démarches de retrouvailles dans un tel état, et elle le savait.

D'autres questions furent adressées à la responsable de mon dossier avant que M. le juge se retourne vers moi :

— Vous vivez en union de fait, madame Saint-Pierre ?

— Non, Monsieur le juge. Je vis seule… avec ma petite chatte… qui a son pedigree, elle…

Je quittai le palais de justice sans plus d'espoir qu'à mon arrivée. Déambulant dans les longs corridors de l'édifice, je fus plus d'une fois tentée de faire trébucher Mme CSS et de me sauver avec ce morceau de ma vie qu'elle avait enfoui dans son porte-documents. J'y aurais appris tout ce qu'elle avait tu dans la lettre qu'elle m'avait adressée trois ans auparavant : le nom de ma mère, et celui de l'homme qu'elle avait épousé et qui l'accompagnait au moment où elle avait voulu me reprendre. Qu'on me révèle ces noms, et je m'occuperai du reste. Je ne mettrais pas six ans à trouver ma famille.

Deux semaines plus tard, je reçus une lettre de la Cour m'indiquant que M. le juge avait ordonné au Centre des services sociaux de traiter mon dossier en priorité.

Les services judiciaires avaient fait leur travail et je marquais un point. Que signifiait pour le CSS un dossier prioritaire ? Était-ce de le traiter en huit mois au lieu de huit ans ? En huit semaines ? Je m'en informai auprès de Jocelyne, ma travailleuse sociale, qui, réduite à ne me servir que des généralités, m'exhorta à la confiance et à la patience. Comme si je n'en avais pas suffisamment fait preuve depuis le printemps 1984… J'aurais voulu qu'elle me promette d'y travailler le jour même, considérant qu'on avait déjà trop perdu de temps. Et puis, avait-on pensé qu'avant même que le soleil se couche ma mère pouvait être victime d'un accident ? Qu'elle pouvait perdre la mémoire ? Perdre la vie ?

— Vous me rappelez aussitôt que…

Je réprimai mon impatience, rebelle depuis toujours à l'idée de me conduire en quémandeuse.

En moins de cinq minutes, je passai de l'euphorie à l'exaspération, d'un espoir illimité à une appréhension incontrôlable. J'en devins lasse à force d'imaginer la réaction de ma mère à l'appel téléphonique de ma travailleuse sociale. Parfois, je l'entendais s'éclater de bonheur et demander à me voir tout de suite. À d'autres moments, je craignais qu'habituée à m'exclure de sa vie, elle ne sache comment me refaire une place. Ma place. Seule ma foi en l'amour maternel parvenait, par moments, à balayer de mon esprit cette sombre hypothèse.

Suspendue à la sonnerie du téléphone, je décrochais le récepteur avec un enthousiasme délirant, incapable de masquer ma déception chaque fois que j'entendais une voix masculine ou celle d'une femme autre que ma mère. Je ne parvins à retrouver mon équilibre qu'en me consacrant à la préparation du téléthon Opération Enfant Soleil, qui devait être diffusé en juin. Les séances de tournage à l'hôpital Sainte-Justine m'habituaient à un monde que je n'avais pas eu alors l'occasion d'explorer, celui de l'enfance et de son cortège de saine candeur. Lorsque je vis un petit garçon de quatre ou cinq ans, sa guitare dans les bras, venir prendre place près de Roch Voisine, dans l'intention de l'accompagner pour la chanson que celui-ci allait interpréter, je déplorai que les adultes aient tant compliqué la vie. Ce qui m'apparaissait, comme en ce jour, des plus naturels, était souvent sacrifié, parce que soumis à de multiples procédures et à quantité de lois. Le droit de retrouver ma mère l'était tout autant que celui de ce petit malade, qui avait le goût de se faire valoir auprès d'un grand artiste. La simplicité de ces enfants, leur courage devant la maladie me ramenaient à l'essentiel : la vie, la santé, l'amour, le moment présent.

Je me prêtais à cet exercice de santé mentale lorsque je reçus, à mon bureau, l'appel téléphonique tant attendu des services sociaux de Québec :

— C'est ma travailleuse sociale, chuchotai-je à mon équipe de Radio-Québec, informée de mes démarches.

Tous figèrent sur place, attendant, à bout de souffle, la nouvelle tant espérée.

— Vous l'avez retrouvée ? Je savais qu'elle vivait encore. Où est-elle ? demandai-je.

J'avais oublié qu'il me fallait franchir d'autres étapes avant de me lancer dans les bras de ma mère.

— Dans la région de Montréal ! Mais je n'aurais pu demander mieux ! m'exclamai-je.

Il me suffirait de quelques minutes de voiture pour me retrouver chez elle, ce que la Gaspésie ne m'aurait pas permis. J'étais impatiente de connaître ce moment.

— Ah bon ! Non ?

Livide, abasourdie, je venais d'apprendre que ma mère, retrouvée et informée de mon désir de la connaître, réclamait un délai. Elle demandait du temps pour réfléchir. Alors que tout mon être se tendait, prêt enfin à vivre cette étreinte si longtemps retenue, ma mère souhaitait en reporter le moment. Comment l'excuser de ne pas courir vers sa fille, heureuse qu'elle soit encore vivante, et qu'elle lui réserve une place dans son cœur, la meilleure place ?

Je dus me faire violence pour terminer ma journée de travail. À la fermeture du bureau, je me sentais pressée de me retrouver dans mon appartement de Longueuil pour laisser libre cours à ma peine. Une peine qui prenait par moments un ton de colère et de révolte. Je cherchai réconfort auprès d'une amie.

— Elle a le front de me demander d'attendre encore alors que j'ai remué ciel et terre pour la retrouver. Moi qui lui ai prêté les meilleurs sentiments qu'une mère puisse éprouver pour son enfant ! criai-je d'indignation.

La tempête apaisée, je compris, avec l'aide de mes amies, qu'il pouvait être normal qu'une mère qui a dû mettre quarante ans d'efforts à oublier, pour ne pas trop souffrir de l'enfant qu'on lui avait arrachée, réagisse ainsi. N'était-ce pas bouleversant pour elle d'apprendre que cet être pourrait ressurgir dans un quotidien où elle avait toujours écarté son existence ?

Cela admis, deux hypothèses me hantaient : ou j'avais été conçue dans des circonstances déplorables, ou ma naissance et tout ce qui avait suivi avaient été si douloureux qu'il suffisait que je m'annonce pour raviver cette souffrance. Peut-être même que ces deux possibilités résumaient ensemble l'histoire de mon arrivée dans ce monde.

Quel ne fut pas mon étonnement de constater que je n'étais pas à l'abri des drames que j'entendais raconter au Mouvement Retrouvailles. Les autres auraient dû s'attendre à des déceptions, à des rejets même. Pas moi. J'avais tellement besoin de l'amour de ma mère qu'il m'avait semblé impensable qu'il me soit refusé. J'étais une enfant de l'amour et je n'aspirais qu'à une chose : le vivre pleinement avec celle qui avait payé mon droit à la vie de son honneur. Était-ce le souiller de nouveau que de m'ouvrir les bras une deuxième fois ? Je dus me rendre à cette cruelle probabilité. Sa famille, ses proches, ses amis ignoraient peut-être ce dramatique fragment de son passé…

Tenter de comprendre la situation de ma mère atténuait pour un temps mon chagrin, mais l'exaspération ne tardait pas à ressurgir : « Essaie-t-elle, de son côté, de se mettre dans ma peau ? D'imaginer le grand vide que son absence a creusé dans ma vie ? De vieux relents de culpabilité seraient-ils plus forts que l'appel à l'amour de sa fille ? Ne serait-il pas injuste qu'au nom de l'honneur, je sois privée pour une deuxième fois du droit de connaître ma mère ? »

Ces questions sans réponses me sapaient tant d'énergie que je dus me les interdire pour m'acquitter convenablement de mes tâches de directrice artistique. Je pris alors conscience du dédoublement que je devais m'imposer pour assumer mes fonctions. En préparant le téléthon d'Opération Enfant Soleil, je me sentais comme cette femme qui vient d'enterrer son enfant, et à qui on demande de bercer celui de la voisine. Ma souffrance enfouie au plus profond de mon cœur, je dus accrocher un large sourire sur mon visage, et meubler mon esprit de la préoccupation de semer réconfort et enthousiasme autour de moi.

L'orchestration de cinq heures de diffusion en direct pour le Mouvement Retrouvailles me troublait davantage, et pour cause. Tout me parlait constamment de moi sans que j'aie le droit de me laisser affecter par mes propres émotions. Des mères venaient exprimer leur détresse et réclamer de l'aide pour retrouver leur enfant. D'autres témoignaient de la joie de leurs retrouvailles. Je devais les accueillir comme celle qui n'a mal qu'à leur souffrance ou qui partage entièrement leur bonheur.

Je devais trouver les mots qui encouragent les unes à poursuivre leurs recherches et les autres à continuer de s'investir dans leur nouvelle relation. Et s'il se trouvait quelqu'un qui, meurtri par le rejet, venait chercher consolation, je devais, pour lui apporter le réconfort espéré, balayer de ma pensée le fait que je venais d'en être moi-même victime et que je risquais de l'être de façon définitive après cette émission.

À une dizaine de jours de cet événement, je pris une des décisions les plus compromettantes de ma vie. Je demandai à ma travailleuse sociale de prévenir ma mère de mes apparitions sporadiques à l'écran et de l'informer de mon rôle dans cette production. J'insistai pour qu'elle lui signifie que les messages que je livrerais au cours de cette soirée ne la visaient pas personnellement, mais qu'ils s'adressaient à toutes les mères qui avaient confié un enfant à l'adoption.

— Vous êtes bien sûre de vouloir que votre mère vous découvre de cette manière ? me demanda-t-elle.

Je n'émis aucun doute sur ma décision. J'étais résolue, en dépit de l'angoisse que je m'imposais, à vivre ces heures sous le regard scrutateur de cette femme de soixante-cinq ans qui hésitait à renouer avec sa fille des liens que je clamais indestructibles.

À la merci de ses perceptions, de ses souvenirs, de ses peurs et de ses sentiments, je m'abandonnai. Plus que je ne l'avais jamais fait encore, même en amour. Quelque chose venait de se briser en moi. Malgré les risques encourus, je ressentais une sorte de libération intérieure. Une de mes plus solides défenses venait de tomber.

Au cours de cet événement unique, la petite Caroline-Pascal, cette enfant blessée, n'aurait pas à s'éclipser constamment pour laisser toute la place à Normay, la conceptrice à la tête froide. Elle aurait droit de parole et droit d'émotion à plus d'une reprise. Je me promis de demeurer naturelle, sachant bien que, si ma mère décidait de m'accueillir, elle devrait accepter celle que sa fille était devenue au fil des ans. Le défi était de taille. Il va sans dire que je comptais énormément sur le support de l'équipe et sur l'ambiance du plateau de tournage pour me faciliter de telles dispositions.

À moins d'une semaine de l'événement, ma travailleuse sociale me téléphona de Québec. Un nouvel élément venait de s'ajouter à mon dossier, et elle jugea primordial que j'en sois informée avant l'émission.

— Vous serez plus en mesure de comprendre les réticences de votre mère et de modifier vos attentes, m'expliqua-t-elle.

Je déposai le récepteur, muette de consternation et de refus d'y croire. «Moi, une enfant de...? C'était impossible! Ou ma mère a menti, ou le CSS s'est trompé de dossier. J'étais une enfant de l'amour. Pas une enfant du... viol.» Ce mot de quatre lettres martelait mon esprit, évoquant tour à tour laideur, violence et révolte. La seule pensée que ma mère ait pu en être victime m'outrageait jusque dans ma propre chair. Comme si sa blessure m'avait inconsciemment meurtrie. Comment cette jeune fille de dix-huit ans aurait-elle pu me porter et penser à moi autrement que dans le chagrin et la honte? Je n'avais jamais imaginé qu'en cherchant mes origines, je m'exposais à devoir affronter quotidiennement les traces qu'un homme maudit de ma mère avait pu laisser sur mon visage. Comme je déplorai que mon intervenante ne puisse rencontrer ma mère avant l'émission sur le Mouvement Retrouvailles! Elle aurait pu me dire si c'est d'elle que je tenais ma chevelure de lionne, mon nez bourbonien et mes yeux noisette. Tout en moi se rebellait à l'idée que je puisse ressembler à mon géniteur. Quel choc pour cette pauvre femme, qui, dans quelques jours, serait la première à faire la part de mon héritage génétique! Je comprenais maintenant ses hésitations. Cela admis, il n'en demeurait pas moins injuste que je doive en porter l'odieux. J'en étais à me demander qui de la jeune fille violée ou de l'enfant engendrée était la vraie victime ? Je me sentais comme une épave que cette femme avait le choix de laisser flotter au gré des vagues jusqu'à l'effritement, ou de récupérer tandis qu'il en était encore temps. De ses grands yeux azurés, ma petite chatte me dévisageait, me conviant à la confidence.

— C'est à ma mère biologique que j'aimerais dire tout ce qui me déchire l'intérieur, lui dis-je. Si elle consentait au moins à m'écouter...

La conviction me vint que plus elle me résisterait, plus elle m'inciterait à vivre un rejet à la mesure du profond dégoût que pouvait lui inspirer le viol. Cela aussi, j'aurais voulu que ma mère le sache. Qu'elle comprenne que nous avions besoin l'une de l'autre pour reconquérir notre dignité. Qui mieux que moi pouvait l'en convaincre ? Je priai ma travailleuse sociale d'intercéder pour moi, de la persuader que nous avions plus à gagner qu'à perdre en prononçant ensemble un oui à ma naissance. Exiger ce oui de ma mère, c'était, j'en étais fort consciente, lui demander d'oublier le passé dans tout ce qu'il pouvait rappeler de malheureux, pour ne voir que la femme que j'étais devenue. C'était lui demander d'accueillir sa fille aînée parmi les siens, au risque de perdre l'estime de ses enfants et de ses petits-enfants.

À une heure de cet événement, pour lequel j'avais investi tant d'énergie, je me surpris à espérer l'acquiescement de ma mère, si difficile et si peu probable soit-il. Jusqu'à la dernière minute, j'attendis cet appel téléphonique qui pouvait à lui seul rallumer en moi ce feu sacré qui m'enflammait chaque fois que le régisseur commençait le décompte. « Cinq, quatre, trois, deux, un. » Sous le feu des projecteurs, les animateurs, Lise Le Bel et Gérard-Marie Boivin, saluèrent le public. À l'arrière-scène, je devais assumer mes tâches de conceptrice de l'émission dans l'ignorance la plus totale de ce que mon témoignage et ma physionomie allaient évoquer dans l'esprit de ma mère. Je devais me concentrer sur le million trois cent mille Québécois concernés par l'adoption alors que, dans mon cœur, une femme prenait à elle seule toute la place. J'avais conçu l'émission pour les douze mille personnes qui recherchaient leurs origines, bien que la connaissance des miennes ne m'ait apporté, à ce moment, que chagrin et déception. Toutes ces personnes étaient encore en droit d'espérer un oui, tandis que les possibilités que j'entende ce mot de la bouche de ma mère semblaient de plus en plus minces. Et pourtant, tel un coureur à son dernier tour de piste, j'étais résolue à me dépasser jusqu'à la dernière seconde de cette émission. Pas une particule de la programmation n'allait se jouer à l'écran sans que j'y communie de cœur et d'esprit.

Lorsque Danielle Oddera prit le micro pour inviter les uns et les autres à « tout recommencer avec le cœur et le corps neufs », j'épousai cette supplication qui donnait à son chant des intonations si touchantes que pas une mère ne pourrait, pensai-je, laisser la peur ou la honte triompher plus longtemps. Et si la mienne hésitait encore, Yoland Sirard n'aurait pas à lui chanter deux fois *À la recherche de ton nom* pour qu'elle compose le numéro de téléphone qui devait apparaître au bas de l'écran pendant mon témoignage.

Un morceau de l'immense puzzle qui composait la toile de fond du décor vint se placer pendant qu'une voix chaleureuse invitait toutes nos mères biologiques à repenser leur décision : « Je sais que tu ne pouvais faire autrement, mais c'est peut-être différent maintenant... » « C'est très différent ! avais-je envie de répliquer. Maintenant, nous avons droit à l'amour. L'homme que tu as épousé, et qui t'accompagnait le jour où tu as voulu me reprendre, ne t'approuvera-t-il pas encore aujourd'hui ? Ceux dont tu craignais les jugements et les reproches, soient-ils encore de ce monde, s'en repentiront et t'admireront pour ton courage. Vois-tu comme c'est différent maintenant ? »

Le moment où Louise Deschâtelets viendrait lire un texte que j'avais composé approchait. *Trop tôt... trop tard.* Tel en était le titre. Pourquoi avoir ajouté « trop tard » ? me demandai-je. Ces mots ne risquaient-ils pas d'inciter ma mère – et combien d'autres comme elle – à faire un pas en arrière et à s'en justifier ? Non, me ravisai-je. Il était plutôt trop tôt :

Trop tôt pour l'amour
Trop tôt pour les bras
Trop tôt pour partager
Trop tôt pour parler
Trop tôt pour comprendre
Trop tôt pour retenir
Trop tôt pour donner
Trop tôt pour en rire

Mais quand même, je craignais qu'en différant notre première rencontre, d'un mois, d'une semaine, d'un jour même, il soit :

Trop tard pour le vivre
Trop tard pour le cœur
Trop tard pour recevoir
Trop tard pour le dire
Trop tard pour apprendre
Trop tard pour tenir

Trop tard pour prendre
Trop tard pour en pleurer

Écoutant Louise Deschâtelets lire mon poème avec émotion, je suppliai intérieurement celle qui, j'en étais sûre, n'avait pas quitté l'écran depuis le début de cette émission d'écouter jusqu'à la fin cet appel, dont elle ne connaissait pas l'auteur. Une fibre maternelle pourrait encore vibrer en elle lorsqu'elle entendrait :

Mais aujourd'hui, pour l'amour
Ouvrir les bras pour le vivre
Ouvrir les bras pour le dire
Ouvrir les bras pour l'apprendre
Ouvrir les bras pour le tenir
Ouvrir les bras pour le prendre
Aujourd'hui deviendra demain, si...
Le cœur partage
Le cœur parle
Le cœur comprend
Le cœur retient
Le cœur donne

Pendant la pause publicitaire qui suivit, je me surpris à penser que ma mère était peut-être déjà disposée à faire siens les mots qui concluaient ce poème et à m'ouvrir son cœur. Qu'elle était du nombre des vingt pour cent qui désiraient rattraper, avec leur enfant, la maille échappée du tricot de leur existence. Je m'imprégnai de cette bouffée d'espoir lorsque vint pour moi le moment de dire devant la caméra qu'il m'apparaissait essentiel que toutes les mères biologiques qui décidaient d'entamer des démarches de retrouvailles le fassent pour elles-mêmes. « C'est à cette condition que les retrouvailles seront réussies », concluais-je.

D'autres, déjà, avaient vaincu la peur et s'étaient libérées de leur trop lourd secret. Lasses de se tourmenter jour après jour avec des questions sans réponses, elles avaient décidé d'affronter l'inconnu en dépit de tout ce qu'il pouvait leur réserver de surprises. Comme je me sentais proche de ces femmes pour qui connaître et être reconnues n'avait pas de prix ! Depuis quelques années, ces mots avaient pris à mes yeux une dimension exceptionnelle. Pour moi et ma mère, nous connaître, c'était nous donner la possibilité de reprendre ma naissance, comme on reprend un examen. Nous pouvions, ensemble, revenir à cet événement. Nous le réapproprier pour le vivre à notre convenance, à notre goût, avec ce que nous étions devenues, elle et moi. Pour moi, la reconnaissance que j'implorais de ma mère, c'était comme si l'univers entier allait enfin m'ouvrir les bras. Retrouver mes origines et être accueillie pleinement me permettraient de trouver ma vraie place sur la grande fresque de la planète Terre. Je pensais à cette fleur que l'on transplante et qui souffre de son déracinement, quelles qu'aient été les précautions prises. Si la plante s'en remet dans les semaines qui suivent, je ne pourrais soutenir qu'il en va de même des fragiles humains. Au cœur de cette émission, c'est ce que j'avais résolu de dire à ma mère et à toutes celles qui sous-estimaient cet arrachement : « Oui, ça fait bien longtemps tout ça. Mais, dis-toi bien qu'après toutes ces années, il y a encore une partie de moi qui est un peu de toi. Tu sais, l'histoire du cordon qu'on coupe, ce n'est peut-être pas si vrai que ça. »

Tel était le désarroi que j'avais voulu exprimer quelque vingt minutes plus tôt en présentant Maya, ma petite chatte : « Je l'aime beaucoup. Je connais ses origines. Heureusement qu'elle ne parle pas, elle pourrait me demander les miennes. Je ne les sais pas… »

Jamais le respect des volontés de l'autre ne m'avait été aussi difficile. Torturant même. « Faites-le pour vous », avais-je recommandé. L'instant d'après j'aurais aimé ajouter : « Il vaudrait mieux, mesdames, que vous ne soupçonniez jamais dans quelle détresse nous plonge votre droit de nous dire non. »

D'une nature assoiffée de bonheur, je me tournai vers ceux et celles qui attendaient dans les coulisses le moment de rentrer dans les rangs du Défilé des retrouvés, du Défilé des gens heureux. Des mères, des fils, des filles, des frères et des sœurs venaient témoigner de la joie de s'être retrouvés.

Malgré mes bonnes dispositions, l'envie d'être des leurs me rongeait. Ce soir-là, je sus qu'allégresse et détresse pouvaient cohabiter très intimement.

Comme bouquet de la soirée, une nouvelle allait faire vibrer des milliers de spectateurs : grâce à cette émission, des mères biologiques venaient de prendre la décision de dire oui à leur enfant. La mienne était-elle de celles-là ? Entre l'espérance et la peur d'avoir mal, je choisis de me laisser porter par les paroles de la dernière chanson de l'émission et de me réjouir « Pour tous ceux qui vont s'aimer / Mains tendues pour se rencontrer. »

Ce dimanche fut sans lendemain heureux. Je devais tourner la page et me concentrer sur le téléthon Opération Enfant Soleil, qui devait être diffusé quelques semaines plus tard. Malgré l'ardeur avec laquelle je m'y consacrai, je ne cessais de penser à ma mère. Si présente dans son absence, elle m'obsédait, m'assaillant comme une vague qui vient opiniâtrement frapper le rivage. Tout me parlait d'elle. J'aurais voulu qu'elle soit témoin du courage que manifestaient les parents de ces petits malades, dont plusieurs étaient hospitalisés pour le reste de leur vie. Il suffisait d'un acquiescement de sa part pour que nous puissions tisser des liens aussi beaux, des rapports aussi forts, que ceux de ces pères et de ces mères avec leur enfant aux derniers jours de leur existence.

Chaque journée venait alourdir ma peine. Je cherchais un moyen d'alléger ma souffrance lorsque je reçus un appel téléphonique de ma travailleuse sociale :

—Lundi matin, à dix heures, ta mère va te téléphoner.

J'aurais pu mourir de joie. J'aurais voulu crier mon bonheur sur tous les toits. Clamer un éternel oui à la vie. Les tourments passés n'étaient plus qu'une goutte dans l'océan. Ma renaissance venait de commencer. Avant même d'entendre la voix dont je rêvais depuis quarante ans, j'étais devenue une autre femme. À travers les bras de ma mère, c'est l'univers entier qui m'accueillait enfin. Heureuse ! J'étais heureuse ! Chaque syllabe de ce mot résonnait dans tout mon être. On aurait dit que mon corps et ma mémoire ressuscitaient, régénérés par le sentiment d'être aimés. Qu'elle ait choisi de m'ouvrir les bras après m'avoir vue et entendue m'était encore plus réconfortant. Je me sentais libérée de toute appréhension. J'avais donc eu raison de lui permettre de me connaître la première. De son côté, ma travailleuse sociale avait joué de tout son pouvoir de persuasion pour convaincre ma mère d'écouter son cœur. Le support qu'elle promit de lui apporter avait eu raison de ses appréhensions.

De ce vendredi après-midi au lundi matin, je vécus la gamme de toutes les émotions humaines. Les premières heures d'euphorie passées, je me butai à des questions aussi élémentaires que : « Comment vais-je l'appeler ? Maman ? Madame ? Que vais-je lui dire ? » Je ne trouvais plus rien à lui raconter, alors que j'avais toujours eu l'impression de ne pas avoir assez du reste de ma vie pour discuter avec elle. Cafés, cigarettes et pas inutiles se succédaient à un rythme de plus en plus accéléré à mesure que les aiguilles de ma montre approchaient les dix heures. À deux minutes du moment fatidique, la respiration saccadée, je pensai qu'il se pouvait que le téléphone ne sonne pas. Que ma mère, prise de panique, change d'avis. Qu'elle demande un autre délai. J'étais à imaginer mon désarroi lorsque je dus, les mains glacées, décrocher le récepteur.

— Bonjour. C'est moi, ta mère, dit une voix chevrotante.

J'en tombai abasourdie. « Elle me dit déjà : C'est moi, ta mère ! » Je ne sus qu'ajouter au « Bonjour » timide que je lui répliquai et j'attendis qu'elle poursuive.

—Est-ce que Jocelyne t'a mentionné que ç'a été difficile et que j'ai été violée ?

Deuxième phrase à laquelle j'étais loin de m'attendre dans les premières secondes de notre entretien.

—Oui. Elle me l'a dit.

—J'ai voulu te reprendre, une fois mariée, mais tu étais déjà adoptée.

Je la sentis cette fois au bord des larmes. Sa voix douce et paisible se brisait. Je ne trouvai encore rien à dire. Je ne demandais qu'à l'entendre. Après quelques secondes de silence, elle reprit la conversation d'un ton plus ferme et me révéla que, hormis une de ses sœurs, venue la visiter à l'hôpital, plus personne dans sa famille n'était au courant de mon existence. Sa mère était morte, emportant avec elle ce grand secret. Du moins le croyait-elle… Ses enfants aussi ignoraient avoir une grande sœur. Du même trait, elle me prévenait qu'il faudrait être très discrètes. J'ignorais encore jusqu'où irait cette exigence, mais j'étais disposée à m'y astreindre. Elle me dévoila les conditions de ma naissance avec force détails :

—C'était très humiliant et très pénible pour moi. J'étais entourée d'une quinzaine d'étudiants en médecine à qui je servais de cobaye. Personne pour m'apporter le moindre soutien. Heureusement que tu ne pesais que six livres… Le pire, ç'a été de te voir partir sans que j'aie pu même te toucher. Je n'ai jamais pu te revoir non plus.

Mon estomac se serra de douleur comme si ma mémoire de nouveau-né s'était réveillée. Je compris pourquoi j'avais tant besoin de caresses, de chaleur humaine, d'amour. Je compris pourquoi je ne m'en étais jamais sentie rassasiée. Je crus que ma mère pleurait. Lorsqu'elle reprit la parole, ce fut pour m'avouer qu'elle l'avait fait en me voyant pour la première fois, lors de l'émission du Mouvement Retrouvailles. Avait-elle pleuré de joie ou de chagrin ? J'espérais qu'elle m'en dise davantage, mais elle changea de sujet, m'informant qu'elle ne savait pas conduire. Je devinai alors qu'elle projetait une rencontre. J'étais suspendue à ses lèvres. Je la sentais si hésitante que j'eus peur qu'elle renonce. Quelques instants plus tard, elle me soumit le plan qu'elle avait préparé pour notre premier rendez-vous.

—Le 24 juin, vers treize heures trente, ça te conviendrait ?

Elle me précisa le lieu secret avec des précautions qui respiraient la crainte et la nervosité.

Je raccrochai le récepteur, n'osant trop bouger, attentive à l'ivresse qui m'habitait, avide de la savourer jusqu'à la lie. Je fermai les yeux sur mon rêve devenu réalité, je le contemplai et m'en laissai submerger jusqu'à l'oubli. L'oubli de tout ce qu'elle venait de me dire pour n'écouter que le timbre de sa voix, la résonance de ses paroles à mon oreille, dans mon cœur. « C'est moi, ta mère. » Elle l'avait enfin dit, ce mot que j'attendais depuis l'instant de ma naissance. Je voulais le fixer dans ma mémoire, l'enfermer dans ma chair, avec ses soupirs et ses silences. Pour ne plus jamais l'oublier. Pour que personne ne me le ravisse plus. Beaucoup plus tard, encore enivrée du parfum de ce mot, j'ouvris les yeux, juste assez pour trouver un crayon et du papier sur lequel je m'appliquai à retranscrire le plus fidèlement possible les dix minutes les plus bouleversantes de ma vie.

Lorsque je consentis à sortir de mon extase, je découvris que cette conversation téléphonique venait de changer le monde. Mon monde. Le soleil brillait plus que d'ordinaire. Le cri des enfants qui jouaient dans la rue avait l'éclat d'un feu de joie. Le chant des oiseaux transportait mon allégresse par-delà les cimes des arbres aux quatre coins de ma ville. Une odeur de lilas venait, espiègle, chatouiller mes narines pour repartir au gré de la brise qui la portait. Mon appartement, si modeste soit-il, baignait dans une atmosphère si conviviale que je n'aurais point hésité à y recevoir la femme la plus attendue de toute mon existence, ma mère. Non seulement je ne fuyais plus mon miroir, mais je pris le temps de considérer les traits de mon visage avec sérénité. Le bonheur m'allait bien. La voix de ma mère et l'ouverture qu'elle me témoignait venaient, comme par magie, transformer en un jardin de roses le désert affectif dans lequel je souffrais depuis le départ de mes parents adoptifs. Je compris que, en dépit de circonstances déplorables, cette femme m'avait aimée dès que ma présence s'était manifestée en son sein. Je venais de récupérer le droit de me considérer comme une enfant de l'amour. La douleur qu'avait éprouvée ma mère de ne pouvoir me serrer dans ses bras à ma naissance, et celle d'être privée de la liberté de me voir pendant nos trois jours de cohabitation à l'hôpital où elle avait accouché m'en donnait le gage. Qu'après avoir assisté aux cinq heures d'émission sur le Mouvement Retrouvailles, elle souhaite une rencontre m'exhortait à la confiance la plus totale. J'allai jusqu'à supposer, contrairement à ce que j'avais appréhendé, que je ne devais pas ressembler à mon géniteur.

Un tantinet étonnée que ma mère se soit si peu informée de moi à l'occasion de ce premier contact, je présumai qu'elle songeait à le faire lors de notre rendez-vous secret du 24 juin. Loin de me contrarier, le côté clandestin de nos retrouvailles ajoutait à l'ivresse de cet événement tant attendu.

« Tu sais comme moi qu'il est primordial de ne rien brusquer et de lui laisser le temps de s'apprivoiser à sa nouvelle réalité », me recommanda Jocelyne, une femme dont je ne soulignerai jamais assez le dévouement, le tact et la bonté.

Je convins qu'il appartenait à ma mère de décider du moment et de la manière de prévenir les siens de mon existence.

Je poursuivis la préparation du téléthon dans une atmosphère transfigurée. Les plus intimes parmi mes collègues de travail savaient à quoi attribuer mon rayonnement alors que les autres me déclaraient « en amour ». Ces derniers n'avaient pas tort. Personne encore ne m'avait à ce point obsédée. Comme j'étais heureuse de n'être pas morte « p'tit bébé » !

La tendresse, la spontanéité et la candeur des enfants engagés au téléthon Opération Enfant Soleil parlaient plus que jamais à l'enfant que j'étais redevenue. Dans moins de deux semaines, je saurais peut-être dire « maman », moi aussi. Prononcer ce mot que pas un enfant n'émet sans qu'un sourire illumine son regard. Imaginer ce mot adressé à la voix si chaude qui m'avait déclaré « C'est moi, ta mère » me donnait envie de retourner en son sein pour entendre les battements de son cœur, pour me laisser porter par la chaleur de son ventre, pour l'écouter penser et aimer.

Le matin de ce pathétique 24 juin 1991, je n'éprouvai d'appétit et d'intérêt que pour mon rendez-vous avec ma mère. Je passai la matinée avec mon amie Lise Bérubé, qui venait elle-même de retrouver sa mère biologique, et à qui j'avais demandé de me conduire jusqu'au restaurant désigné par ma mère. Que de scénarios nous avons explorés pendant ces trois longues heures d'attente !

Nous avons facilement repéré le restaurant en question, à partir duquel je devais emmener ma mère à la résidence d'une de ses sœurs, absente pour la journée. Sitôt ma voiture immobilisée dans le stationnement, je vis se diriger vers moi une belle dame à la démarche fière et énergique. Ce ne pouvait être qu'elle. Je tremblais de tout mon corps. Je m'empressai de sortir de ma voiture pour lui ouvrir la portière. Un flot d'émotions me monta à la gorge. Je me demandais si elle allait me tendre les bras. Le regard timide, elle plaça ses mains sur mes épaules et me fit une accolade fort réservée. Après des salutations plutôt conventionnelles, elle prit place près de moi, sur la banquette avant.

Déroutée, j'avais du mal à nourrir la conversation. J'aurais préféré ne pas avoir à conduire pour observer à mon aise cette digne dame à la coiffure et à la tenue impeccables. Du restaurant au logis désigné, le trajet dura moins de dix minutes et fut parsemé de propos banals sur la température et les fêtes de la Saint-Jean. Pendant que nous montions chez « ma tante », j'observais avec surprise et admiration cette dame qui me précédait. Je la trouvais vraiment très belle. Rien ne ressemblait cependant à ce que j'avais imaginé des premiers instants de notre rencontre.

Plus par inconfort que par convenance, elle me fit visiter toutes les pièces de la demeure. Le plus beau chef-d'œuvre décoratif n'aurait pu me distraire de cette jolie femme en qui je n'avais pas de mal à voir la jeune fille de dix-huit ans qui m'avait portée.

Invitée à la suivre dans la cuisine, je devais y passer l'après-midi. Les yeux rivés à ses mains jointes sur la table, ma mère poussa un long soupir et entreprit de me parler de ce qui nous avait conduites jusque-là, son viol.

— Je travaillais à l'hôtel du village. Des marins y logeaient. Un soir, l'un de ceux qui m'adressaient la parole quelques fois s'offrit pour me reconduire chez mes parents. Il me semblait digne de confiance.

142

À mi-chemin, profitant du grand champ qui longeait la route, il m'y a traînée... J'eus beau me débattre, tenter de crier, mais il était dix fois plus fort que moi...

Un silence chargé d'une indéfinissable émotion suivit. Nous nous l'accordions sans même oser lever les yeux. Lorsque ma mère reprit la parole, ce fut pour me raconter sobrement comment elle avait dû être placée chez une tante à Québec, pour y vivre sa grossesse dans le secret le plus absolu.

— Pour ma mère, il semblait aller de soi que je te laisse à la crèche Saint-Vincent-de-Paul avant de revenir dans mon village.

Ma poitrine se serra et je crus que j'allais éclater. Le rappel de cette déchirure venait éveiller en moi toute la douleur de l'enfant séparée de sa mère sitôt née. De l'autre côté de la table, plus un mot, pas un soupir. Une blessure ouverte, vive, offerte, la sienne, la nôtre. Le passé s'était fait présent et nous rendait à la symbiose que nous avions partagée pendant neuf mois. Nous pouvions reprendre là notre existence. Je fixais les mains de ma mère. Ces mains qui avaient dû se tendre désespérément vers l'enfant qu'elle venait de mettre au monde. Elles allaient se délier pour venir chercher les miennes. Peut-être ne manquait-il qu'un signe de ma part ? J'allai chercher la réponse dans ses yeux, dont je devinais la tristesse et l'appel, mais ils me fuirent. Était-ce par décence, la douleur ne devant pas s'exposer dans toute sa nudité ? J'étais disposée à respecter son choix lorsque, évitant toujours mon regard, elle me révéla avec une émotion à peine contrôlée :

— Avant d'aller te chercher, j'ai écrit une lettre aux religieuses de la crèche. Je m'en étais gardé une copie pour te la montrer quand tu serais en mesure de la lire... Je l'ai conservée pendant plus de vingt ans, espérant toujours... Mais quand j'ai appris que je devais être opérée pour un cancer, j'ai jugé qu'il était plus prudent que je la détruise.

« Qu'est-ce que vous m'y disiez ? » suppliai-je de tout mon être tendu vers elle.

— J'ai été bien déçue d'apprendre qu'elle n'avait pas été conservée dans ton dossier, ajouta-t-elle, visiblement incapable d'en parler davantage.

Je crus préférable de ne pas insister, nous n'en étions qu'à notre premier tête-à-tête...

À mots couverts, elle laissa deviner plus qu'elle ne l'exprima la souffrance qui avait marqué son destin, depuis : plusieurs années de stérilité, une vie conjugale difficile et une pauvreté telle qu'elle avait dû travailler comme femme de ménage pour donner à manger à ses enfants. Dans un geste qui se refusait à tout apitoiement, elle s'empressa d'affirmer qu'elle avait de très bons enfants et que, tous ensemble, ils formaient une famille très unie. Je ne pus exprimer ni admiration ni sympathie tant j'eus la soudaine impression d'être perçue comme un élément de dissension dans ce beau cocon familial. Comme une intruse qui menaçait d'exposer au grand jour un événement qu'on était parvenu à occulter au prix de cruels déchirements. Tout en moi se rebiffait à cette idée pourtant plausible. Cette femme m'avait aimée. Elle m'aimerait encore, quel qu'en soit le prix. D'instinct, je profitai d'une brève pause pour lui montrer les photos de mes parents adoptifs.

— Ils ont l'air très bons. Tu as été chanceuse de tomber sur une bonne famille, me dit-elle.

Je profitai de cette ouverture pour lui glisser quelques mots sur ma jeunesse. À peine avais-je amorcé la conversation qu'elle me ramena à sa propre vie, pressée de se réapproprier le sujet. Je compris qu'elle attendait depuis si longtemps le moment d'exorciser son passé qu'il était malvenu que je parle du mien maintenant. Je l'écoutai discourir de nouveau sur les qualités de ses enfants et sur les difficultés rencontrées dans sa vie. Ses propos respiraient la culpabilité et le regret. Elle revenait sans cesse sur les mêmes justifications, précisant que son mari lui avait toujours reproché d'avoir abandonné son enfant. À ce même homme, maintenant âgé et malade, elle ne voulait rien dévoiler de nos retrouvailles. « Ça pourrait le faire mourir », soutint-elle. De ce fait, nos rencontres devaient demeurer clandestines. À plus d'une reprise, elle me remercia de ne pas lui en vouloir, visiblement soulagée de ne trouver aucune amertume chez l'enfant qu'elle avait dû abandonner.

Nous avons pris congé l'une de l'autre sans un seul épanchement, sans la moindre manifestation de tendresse. Ou elle doutait qu'il convienne de le faire, ou elle en était incapable. Elle me promit de me rappeler pour une prochaine rencontre. Elle insista sur le fait qu'il lui était impossible d'en fixer le moment, compte tenu de l'anonymat dans lequel devaient se faire conversations téléphoniques, correspondances et rendez-vous.

Je rentrai chez moi déconcertée. Avais-je imaginé trop ou trop peu d'hypothèses sur les attitudes et les propos de ma mère ? Était-ce *trop tôt* ou *trop tard* pour qu'elle m'ouvre davantage les bras ? Étions-nous condamnées à vivre une relation interdite, un amour défendu ? J'avais la nette impression d'avoir fait deux pas en arrière depuis notre entretien téléphonique. Sans doute avais-je été trop idéaliste dans mes attentes. Sans doute étais-je portée à brûler les étapes. Sans doute, le temps et une meilleure connaissance l'une de l'autre parviendraient-ils à ouvrir son cœur et ses bras. Moi qui avais connu plus d'une peine d'amour, j'avais l'impression de vivre la plus cruelle de toutes. « Oui, j'aurais donc dû mourir p'tit bébé. »

Exhortée à la patience par mes amis, je parvins, dans les jours suivants, à reprendre espoir. Je devais comprendre qu'une femme qui s'est emmurée pendant plus de quarante ans dans son secret et qui a connu plus que sa part de souffrances a dû apprendre à se protéger. Qu'elle ne parvienne, dans une première rencontre, à faire tomber les barricades derrière lesquelles elle se cachait pour survivre n'avait rien d'étonnant. Les événements l'avaient sans doute davantage incitée au courage et à la résignation qu'à la confiance et à la tendresse. Par contre, n'éprouvait-elle pas ces nobles sentiments pour ses enfants, dont elle m'avait parlé avec tant de générosité ? Serait-ce que son corps et son cœur m'avaient reniée ? Tels pouvaient être les motifs de son hésitation et de sa quasi-indifférence à mon égard. De nouveau tiraillée entre le besoin d'espérer et la peur d'avoir mal, je confiai à nos prochains contacts le soin de m'éclairer.

Au cours de l'été, elle me téléphona à plusieurs reprises pour me dire que pas un jour ne s'écoulait sans qu'elle pense à moi. Qu'elle avait hâte de me revoir. Qu'elle rêvait de ce grand moment où tous ses enfants seraient réunis. Je l'écoutais, presque impassible, incapable de me réjouir comme je l'aurais fait avant le 24 juin. Étais-je devenue sévère, sceptique, ou simplement plus réaliste ?

Avec moins d'euphorie et davantage de prudence, je me préparai à notre prochaine rencontre. « Quelle ironie ! me dis-je. Mes huit ans de lutte pour faire la lumière sur ma vie me plongent dans le mystère le plus total. » De fait, les bribes d'informations que je détenais sur ma naissance ne suffisaient pas à m'expliquer le comportement de ma mère. Je résolus qu'elle et moi devions être au cœur de notre prochain tête-à-tête. Que maintenant qu'elle m'avait parlé de ses autres enfants, c'est de nous deux qu'il serait question. Nous avions tellement de temps à rattraper !

Une fois de plus, mon travail venait à la rescousse de mes déboires personnels. Le téléthon de la dystrophie musculaire, diffusé par tradition pendant la fin de semaine de la fête du Travail, goba tout mon temps pendant l'été qui suivit. Je ne trouvai pas à m'en plaindre. Le recul que mes obligations m'imposaient face à mes retrouvailles m'était salutaire. Je parvenais mieux à me détacher de ma déception pour comprendre la situation de ma mère et convenir que des liens, même ceux de la chair, ne peuvent s'être développés s'ils n'ont pas été nourris. Que dire alors de ceux que la douleur ou la culpabilité ont tenté de détruire?

Après trois mois de cheminement de part et d'autre, nous disposions d'une journée entière au domicile d'une de ses filles, sans autre intrus que son chat. C'était l'été indien. De bronze et d'écarlate, l'automne battait ses derniers records de temps chaud. Tout dans la nature nous conviait à faire provision de tendresse avant la grisaille de novembre et les froidures de l'hiver. Faisant fi de mes appréhensions, je me plus à croire que le choix de cette journée n'était pas le fruit du hasard. Il était à la fois présage et reflet du tête-à-tête qui allait être le nôtre.

Je me rendis à l'adresse indiquée, déterminée à nous entendre parler de nous deux. Au moment d'appuyer le doigt sur le carillon, hâte et crainte m'envahirent simultanément. Des pas retentirent dans le corridor. Un visage se dessina à travers le rideau de dentelle. Mon cœur battait à tout rompre. Elle ouvrit la porte très doucement. Seuls ses yeux souriaient. À l'instant, elle me gratifia d'une accolade déjà plus chaleureuse que lors de notre première rencontre.

—Entre, me dit-elle, en m'indiquant le portique.

Était-elle plus à l'aise, cette fois ? Je ne saurais l'affirmer à l'empressement qu'elle mit à me parler des problèmes de santé de son mari, de ses petits-enfants, et du dévouement qu'elle avait prodigué à chacun d'eux depuis leur naissance.

—J'ai justement apporté des photos des petits, me dit-elle, en fouillant dans son sac à main.

Son visage s'illumina, et je crus qu'elle allait se rapprocher de moi au moment de me les montrer. Je profitai de cette petite flambée d'enthousiasme pour sortir les photos que j'avais moi aussi apportées, soucieuse d'alimenter cette mince flamme qui pouvait doucement nous conduire dans les bras l'une de l'autre. Elle les considéra furtivement et reprit son récit sur ses enfants. De toute évidence, je n'étais pas du nombre. J'en fus si meurtrie que je décidai de partir. L'intrus dans ce tête-à-tête, ce n'était pas le chat, mais bien Normay Saint-Pierre, la fille aînée de la « belle dame ». « À quoi bon insister ? » me dis-je. Je la quittai après moins de trois heures de rencontre. Il était ou *trop tôt*, ou *trop tard*.

Ce soir-là, je pleurai à m'en épuiser, ne sachant si mon espérance était vaine.

CHAPITRE IV

En vacances jusqu'au printemps !

Pour la deuxième année consécutive, je risquais de me retrouver en congé pour huit mois. Fallait-il que j'accepte ce congé, alors que je ne demandais qu'à travailler ?

Mes économies fondaient comme neige au soleil. Si le téléphone pouvait enfin sonner pour faire appel à mes compétences. Si quelqu'un m'avait invitée à un rendez-vous intime. Mais depuis que j'avais fermé les livres de mon dernier téléthon de la paralysie cérébrale, on ne composait mon numéro de téléphone que pour me rappeler qu'un compte était en souffrance, ou pour me demander « un petit service ». Quelques rares amies me demeuraient fidèles, mais je les évitais. Je préférais ne pas les ennuyer avec mes problèmes. Aussi, j'étais lasse de devoir constamment parler au passé pour cacher la morosité du présent. Je différais leurs invitations dans l'espoir de les entretenir, la semaine suivante, de mon nouveau travail ou des nouvelles fraîchement reçues de ma mère. Aux journalistes qui, témoins du vent de renouveau qui avait soufflé sur les équipes de ce téléthon, cherchaient un petit scandale pour faire les manchettes, je me déclarais fort occupée à d'autres projets… Autrement dit, je jouais la comédie. Juste le temps que, parmi mes anciens collègues de téléthon, l'un ou l'autre fasse appel à mes services, ou que je décroche par moi-même de nouveaux contrats. Cela ne pouvait tarder, compte tenu du nombre de personnes que j'avais aidées à obtenir un emploi ou à faire valoir leurs talents au grand public.

En attendant cet heureux événement, je tenais à ce que personne d'autre que ma chatte, Maya, avec qui je vivais seule depuis plus d'un an, soit témoin de mes difficultés financières. Moi qui avais tant admiré les comédiens, je ne me serais pas imaginée aussi talentueuse. Les invitations à joindre un groupe pour un repas au restaurant se présentaient immanquablement lorsque j'avais, prétendument, pris un autre engagement. « Mais ça me fera plaisir d'aller partager le dessert avec vous », m'empressais-je chaque fois de promettre. « Tu vois, ma belle Maya, tant que je pourrai te nourrir et me payer un café et un dessert au resto, ce ne sera pas si mal. » Voilà ce que je le lui répétais, et pour me convaincre, et pour narguer un malicieux destin, s'il en fut. N'étais-je pas née, malgré tout, sous une bonne étoile ? Les merveilleux parents qui m'avaient adoptée, et le bonheur que mon travail m'avait jusque-là procuré n'en étaient-ils pas la preuve ? L'un et l'autre étaient venus à moi sans que j'aie eu à les chercher. L'un et l'autre m'avaient choisie avant même que j'aie connu leur existence.

À cette part de chance gratuite s'ajoutaient chez moi des outils tenant à la fois de mon éducation et de mon tempérament. Aussi loin que ma mémoire pouvait me ramener, je savais n'avoir jamais pris au sérieux les obstacles qui surgissaient sur ma route. « Plus on leur accorde d'importance, plus ils nous résistent », disait mon père. Je pus vérifier cette maxime à maintes occasions dans les coulisses du milieu artistique. La bombe qu'on disait placée dans l'édifice où se déroulait un téléthon ne m'avait pas inspiré plus de panique que le feu qui avait pris derrière la scène lors d'une diffusion en direct. Dans des cas comme dans celui des menaces proférées contre certains artistes, mon sang-froid avait eu raison des dangers encourus. Ce « calme énervant » m'avait aussi permis de faire preuve d'une efficacité remarquable lorsqu'il s'agissait de résoudre les problèmes des autres. Je devais bien posséder quelques talents pour régler les miens. Une brève rétrospective de ma vie suffisait à m'en convaincre. Qu'une vague de déboires me bouscule depuis un an ne signifiait pas que la mer était déchaînée. Au moment où je m'y attendrais le moins, ma mère demanderait à me voir et les contrats se succéderaient comme au cours des vingt-cinq dernières années. Un premier quart de siècle de chance n'est-il pas garant d'un deuxième ? Il n'y avait donc pas lieu de m'inquiéter et encore moins de courir devant l'humiliation en avouant que j'étais « passée date ».

Par contre, je crus devoir protéger la réputation que mes années de succès m'avaient bâtie. Je devais l'alimenter, m'y accrocher même, pour ressurgir la tête haute, le jour où on m'offrirait du travail. J'avais toujours véhiculé l'image d'une femme recherchée pour ses talents d'organisatrice, de négociatrice et de relationniste. Je devais demeurer à l'affût de tout ce qui pouvait entretenir cette image, tant à mes yeux qu'à ceux de mes anciens collègues de travail. S'il m'arrivait de croiser l'un d'eux ou de recevoir leur appel téléphonique, je devais vite juger s'il valait mieux jouer à la femme fort occupée ou si je gagnais à déclarer des disponibilités à mon agenda.

Cinq mois s'écoulèrent au terme desquels aucune de mes stratégies ne s'était révélée efficace.

J'attendais avec impatience la diffusion du téléthon pour lequel on n'avait pas retenu mes services. Quinze réussites successives au téléthon de la paralysie cérébrale ne signifiaient pas, pour autant, que j'étais la personne désignée pour leur en offrir une seizième. Je languissais de voir les nouvelles trouvailles apportées à la programmation. En compagnie d'une de mes amies, le cœur en charpie, mais avec une volonté de fer, je m'installai devant mon téléviseur pour les vingt-quatre heures de diffusion. Je souhaitais, pour la première fois en six mois, que ni la sonnerie du téléphone ni celle de la porte ne se fassent entendre. Au premier message publicitaire, il me semblait déjà entendre le décompte du régisseur de plateau : « Cinq, quatre, trois, deux... » Un sanglot me monta à la gorge : ces vingt-quatre heures allaient se dérouler sans moi.

L'émotion qui m'habitait était la même qu'à mon premier téléthon, aussi intense, aussi indéfinissable. Ce soir-là, je crus ressentir d'un peu plus près le déchirement que vit la mère à qui on enlève son enfant. Je pensai à la mienne. Ce que j'aurais donné pour qu'elle soit près de moi, sympathisante et me réservant son soutien...

La première heure se déroula sans que l'émission me cause l'ombre d'une surprise. La seule qui survint, et non la moindre, fut l'appel inopiné de deux ou trois journalistes qui, sous prétexte de vouloir joindre certains artistes, cherchaient à savoir pourquoi j'étais exclue de l'équipe de production. Quel piège ! Comme il était tentant d'y succomber ! Je n'eus d'autres choix que de plaider l'ignorance.

Les autres moments du téléthon présentaient si peu de changements notables que je me demandai en quoi la transformation des équipes avait pu être bénéfique.

—Ils doivent garder le « punch » pour la deuxième journée, dis-je à mon amie Ghislaine.

J'avais eu raison de persévérer. Le « punch » vint à la dernière minute de la diffusion, au moment de remercier l'équipe technique et le personnel de direction. Sur un concept de programmation que j'avais perfectionné au fil d'une vingtaine de téléthons, on avait, comme sur un échiquier, placé de nouveaux pions et nommé une nouvelle reine, plus jeune que Normay Saint-Pierre. « On a besoin de sang neuf », m'avait-on dit. J'avais bien saisi qu'on voulait des idées nouvelles, et j'étais disposée à reconsidérer ma formule, même si elle avait généré de constants succès depuis son adoption. Je n'avais pas soupçonné qu'il me fallait traduire qu'à quarante-cinq ans, une femme est trop vieille pour ce milieu, quels que soient ses talents et ses exploits.

Que je ne sois pas la seule à devoir sortir des rangs à cause de son âge ne me consolait guère. Le fait que d'autres avant moi et comme moi s'étaient vu remercier soit au bulletin de nouvelles, soit à d'autres postes, me parlait haut de la discrimination dont nous étions victimes. Si certaines avaient décidé de se battre pour reconquérir leur fonction, on ne m'y prendrait pas. Militer pour des causes comme celles des téléthons, soit ! Ces causes, de dimension humanitaire, justifiaient le don du meilleur de moi-même, le ratissage du milieu artistique et de celui des affaires pour venir en aide à ceux qui en avaient besoin. Mais que je le fis pour Normay Saint-Pierre ? Jamais. On venait de me bafouer dans ma dignité et je n'allais pas ajouter à cette humiliation en quémandant des faveurs.

Imperceptiblement, je me laissai meurtrir par cette exclusion, qui prit le goût amer du rejet. Un autre après celui que me faisait subir ma mère, que je n'avais pas revue depuis six mois. Le détachement, les réserves et les longs silences de cette dernière ressemblaient davantage à une indifférence dissimulée qu'à d'heureuses retrouvailles.

Une corde émotive avait pourtant vibré dans le cœur de ma mère au rappel de ce printemps de 1945 où elle m'avait donné la vie. L'amour maternel l'habitait, parfumant ses propos chaque fois qu'elle me parlait de ses autres enfants. Je ne doutais pas non plus de son honnêteté lorsqu'elle m'avouait avoir longtemps pleuré en pensant à moi. Son chagrin avait-il, au fil des années, miné son amour pour moi ? Je relisais la carte de souhaits qu'elle m'avait envoyée pour Noël et je ne parvenais pas à me convaincre qu'elle vint de ma mère. « Ta maman qui t'aime beaucoup », signait-elle. J'en demeurais bouleversée. Ces mots que j'avais tant souhaité lire, j'aurais voulu les entendre aussi, les sentir dans ses bras et dans son regard à l'occasion de nos deux rencontres. Ne pouvait-elle m'aimer qu'à distance ? Comme si ma présence physique avait déclenché un duel entre son cœur et son corps ? Comment concilier qu'elle m'aimait beaucoup et qu'elle ne fit pas un mouvement vers moi en cette occasion exceptionnelle de rassemblement ? Sans aller jusqu'à présumer qu'elle fut prête à m'accueillir parmi les siens, j'avais espéré un troisième rendez-vous en lui faisant parvenir mes vœux au début de décembre. Sa réaction à un texte que j'avais mis des heures à penser et à corriger se résumait à deux phrases : « Tu écris donc bien ! Je relis tes papiers chaque semaine quand je vais au bingo. » Que de fois j'avais ouvert mon ordinateur pour reconsidérer ma correspondance, me plaisant à imaginer l'effet de mes paroles sur cette belle dame, hélas trop secrète. La rareté des communications et l'absence de rencontres prouvaient bien que je m'étais illusionnée sur ses dispositions, que je lui prêtais des intentions calquées sur mes attentes et non sur ses besoins. J'avais appris à mes dépens que plus on s'ouvre à la joie, plus on devient vulnérable à la douleur. La même logique m'incitait à croire que, pour s'être protégée contre les trop grandes souffrances que lui avait causées ma venue au monde, ma mère s'était coupée de tout sentiment à mon égard. En s'exerçant au détachement jour après jour, elle allégeait sa douleur et se résignait mieux à ne plus jamais me revoir. En acquiesçant à ma demande, elle avait exaucé mon désir de la rencontrer et s'était réjouie de la chance que j'avais eue d'être adoptée par de bonnes gens, sans plus.

En y réfléchissant bien, je découvris que mon adoption peu après ma naissance n'avait pas été un fait unique dans ma vie. Après le couple Saint-Pierre, des garçons et des filles m'avaient adoptée comme leur meilleure amie. Des organismes m'avaient adoptée comme leur spécialiste en collecte de fonds ou leur directrice artistique chevronnée. Sans que j'aie à les solliciter, on me choisissait, on m'adoptait. Je m'étais laissée porter par ce fil conducteur avec la confiance la plus absolue.

Comme si une prime d'assurance avait été prise sur mon destin. Le moment était venu de prendre conscience que tel n'était pas le cas. Pour moi comme pour tant d'autres, rien n'était véritablement acquis. Ni le fruit de mes succès, ni mes amitiés, ni même l'amour de ma mère. Je devais recommencer mes semences comme si j'avais été au printemps de ma vie. Or, dans le milieu artistique, on me situait déjà à l'hiver, au temps de tirer ma révérence.

Ce pouvait-il qu'après avoir collé à ce milieu comme à un vêtement taillé sur mesure, j'en vins, après moins d'un an, à me dissocier aussi radicalement de ses politiques ? Qu'on tasse les plus expérimentés sans égard à leur rendement, et qu'on ne sollicite que ceux qui étaient déjà débordés me révoltaient. Car, il faut bien le dire, s'avouer en quête de travail dans le domaine artistique, c'est éveiller des soupçons sur ses compétences et s'attirer un refus. Devant une telle aberration, je n'avais d'autre choix que d'augmenter aux yeux des autres l'importance des petits contrats auxquels je travaillais et de laisser croire à l'embarras du choix pour ceux qui m'étaient (virtuellement) proposés. Je m'adonnai à cette mascarade, qui ne tarda pas à me créer de multiples complications. Le mensonge m'allait mal. Ou j'oubliais à quel engagement j'avais fait allusion lors d'un entretien précédent, ou je n'avais pas prévu qu'on me demanderait des nouvelles de mon travail. De plus, mon assiduité à répondre au téléphone cadrait mal avec les prétendues obligations que j'avais prises. Et comme il ne suffisait pas d'un contrat par année pour survivre, vint le jour si redouté où je dus vider mon compte en banque pour payer mon loyer. L'angoisse au ventre, je me demandais où trouver l'argent pour m'assurer trois repas de sandwich au beurre d'arachide, faute de pouvoir m'offrir du Kraft Dinner. Je commençai à dresser la liste de tout ce que je pourrais vendre. Exception faite de mon téléviseur et de ma chaîne stéréo, je constatai que je ne tirerais pas grand-chose du reste : ma bouilloire, mon service de couverts et mon réveille-matin. Entre la privation de nourriture et l'absence de musique, j'avais du mal à prévoir laquelle me serait moins pénible.

Dans les yeux ronds de ma petite chatte Maya, je voyais défiler mes quarante ans d'existence, à la recherche du maillon perdu qui avait pu m'entraîner dans un tel bourbier. Insatisfaite des hypothèses formulées au terme de cette rétrospective, j'imaginai un autre scénario pour ma vie. Un scénario qui, à peu de chose près, aurait pu être le mien. Enfant unique, j'aurais pu toucher un substantiel héritage de mes parents si la maladie de mon père n'avait pas engouffré toutes leurs économies. Mes fonctions de directrice artistique et de directrice de collecte de fonds auraient pu m'apporter des salaires faramineux si je les avais exercées ailleurs que pour des organismes à but non lucratif. Mes talents en relations publiques, en animation et en organisation auraient pu être doublement rémunérés au sein d'entreprises offrant congés de maladie, caisse de retraite, primes de rendement. Les salaires touchés au temps des vaches grasses auraient pu être mieux gérés, n'eussent été mon insouciance et ma confiance naïve en ma bonne étoile. Tout cela aurait pu être, mais n'était pas.

Lasse de mentir et confrontée à ma cruelle réalité d'indigente, j'acceptai l'invitation de mon amie Sylvie de m'établir chez elle avec ma chatte. « Tu me paieras quand tu pourras », me dit-elle, sachant bien que je ne touchais pas les revenus suffisants pour couvrir toutes les dépenses occasionnées par ma présence. J'acceptais très difficilement de vivre ainsi aux crochets de Sylvie. Je signai bien quelques petits contrats d'animation à l'occasion de la saison estivale, mais les salaires étaient plus symboliques qu'équitables.

Avec la grisaille des hivers sans travail et sans projets, ma situation se détériora au point où je n'étais plus la Normay Saint-Pierre que tout le monde avait connue. Le bouffon ne riait plus et n'amusait plus personne. La débonnaire angoissait à chaque appel téléphonique. La très sociable Normay s'isolait, refusait toute invitation et toute proposition pour éviter d'afficher sa mendicité. La fille si généreuse de sa personne, de son temps et de ses talents n'était plus accessible. À force de ne rien posséder, elle n'en pouvait plus de n'être réduite qu'à recevoir. Elle risquait même de perdre le seul bien qu'il lui restait, la fidélité de quelques amis, tant elle avait espacé ses visites et s'était fermée à toute confidence.

En cette période si noire de ma vie, à la question la plus sérieuse comme à la plus banale, je répondais immanquablement : « Je ne sais pas. »

Un de ces quatre matins, apprenant que j'étais sans le sou et n'avais plus de contrat à l'horizon, Sylvie décida qu'elle savait pour moi. Elle savait que le temps était venu d'entamer une démarche dont je n'avais cessé de reporter l'échéance. Ça ne pouvait plus attendre. Non seulement je ne pouvais plus acquitter les paiements d'un loyer, mais je ne pouvais plus assumer ceux de ma voiture et le nécessaire à ma propre subsistance. Je devais me mettre sur l'assistance sociale, communément appelée « le BS ». Debout devant ma garde-robe, je cherchais, ce matin-là, quel costume conviendrait le mieux pour cette sortie qui allait me dépouiller du peu d'ego qu'il me restait. « Surtout pas ce veston ! On pourrait me croire "en moyens". J'aime bien ce pantalon, mais il fait trop chic », me disais-je. Après avoir tout sorti et tout replacé sur les cintres, je finis par faire un choix, que je désapprouvai au moment de revêtir mon manteau, le seul qui convenait à cet ensemble. « Je n'irai quand même pas jusqu'à faire des trous, pour avoir l'air pauvre, dans mon manteau de cuir, acheté seulement trois ans auparavant… »

La question vestimentaire résolue, je devais trouver quoi dire et quoi apporter à l'agent du BS. Rien qu'à imaginer ce scénario, j'en perdais le souffle. Normay Saint-Pierre sur le BS, c'était la pire des déchéances. S'il fallait qu'un ancien collègue de travail l'apprenne ! Non. Il devait y avoir une autre solution. Une solution à laquelle nous n'avions pas pensé. Je rebroussai chemin, m'accordant une autre journée pour la trouver. Qui sait si un contrat n'allait pas m'être offert avant le coucher du soleil ? Puis ce fut un autre jour, et encore un autre jour. Autour de moi, on tentait de noyer l'humiliation dont j'étais victime sous un déluge de propos tels que : « Tu y as droit. Ça fait trente ans que tu paies des impôts. Ça existe justement pour des situations comme la tienne. Tu ne seras pas moins fine ni moins intelligente pour ça. » Je n'en pensais pas moins que de ne plus avoir de titre, de ne plus être en mesure de me payer un toit, c'était être réduite à rien. On ne pouvait pas tomber plus bas. Basculer du SB (*show-business*) au BS (bien-être social), c'était ça la décadence. Ou je la regardais en face et j'allais joindre les rangs des autres assistés sociaux pour quêter mon chèque, ou je m'aveuglais et j'allais crever de faim, telle était ma dernière alternative.

Tôt en ce jour que je crus le pire de toute ma vie, vêtue couleur de jour d'orage, je me rendis aux bureaux du BS de mon district. Une cinquantaine de personnes attendaient déjà. J'en fus éberluée. Je faillis repartir aussitôt, avant qu'on me remarque, quitte à revenir à l'heure du dîner. Mais, devant l'effort que le seul fait de franchir le seuil de cette porte avait exigé de moi, je décidai de demeurer dans la salle.

Les yeux rivés sur le parquet déjà souillé de traces boueuses, j'essayais de comprendre, par les propos échangés autour de moi, si je devais faire la file, aller chercher un formulaire ou donner mon nom à un agent. Je compris qu'il fallait aller chercher un numéro. « J'aurais dû y penser. On vient chercher notre passeport pour la survie, ici. Pas nécessaire d'avoir un nom, on n'a plus de dignité. Un numéro, c'est bien assez », me dis-je, en attrapant le mien en toute hâte, pressée d'aller m'asseoir au fond de la salle. Je me demandais si j'étais la seule à vivre ainsi ma dépendance aux deniers publics ou si tel était le cas de tous ceux qui s'en prévalaient.

Les jambes croisées, j'agitais le pied à toute vitesse, comme si j'avais pu ainsi abréger mon temps de supplice. De ma place, je pouvais aisément entendre, au sujet des personnes interpellées, nombre d'informations que je jugeais confidentielles. Ce manque de respect m'exaspérait. Je me proposai, mon tour venu, de parler si bas que l'agent ne pourrait que baisser le ton.

Ils étaient trois à crier numéros, questions et répliques.

— Numéro cinquante-quatre ! Cinquante-quatre !

C'était le mien. Que je regrettai de m'être assise si loin ! Traversant la salle, je sentis les gens me toiser, m'humilier de leurs préjugés.

— Ton nom ?

Tel que résolu, je le lui chuchotai, d'une voix tremblante de nervosité.

— Tu dis ? Parle plus fort, je t'entends mal !

Ça y est. On paie des sourds pour occuper ces postes-là.

— T'écris ça comment ?

Je rugissais d'indignation.

— Ton carnet de caisse ?

— Pourquoi voulez-vous mon carnet de banque ? lui demandai-je, déterminée à lui imposer le vouvoiement.

— Ça me prend ton carnet de caisse, tes polices d'assurance vie puis le montant d'argent que t'as dans tes poches.

J'étais furieuse. Jamais je n'aurais imaginé qu'on puisse se permettre à ce point de violer mon intimité. « Passez-moi donc aux rayons X, tant qu'à faire », avais-je envie de lui rétorquer. L'agent examina mon carnet de la première à la dernière page, clignant les yeux de temps à autre vers moi avant de demander à une collègue d'en tirer une photocopie. « Pourquoi ne pas le publier dans les journaux de demain, cher monsieur ? » pensais-je.

— Ah ! Normay Saint-Pierre ! Mais je te connais, toi. Tu travaillais sur les téléthons, s'exclama la jeune fille à qui l'agent avait confié la copie de mon carnet de banque. Ben oui, je te r'place, là. J'étais une de tes bénévoles, tu te souviens ? L'monde est p'tit, hein ?

J'aurais voulu « rentrer dans le plancher » tant j'étais contrariée d'avoir été si vite identifiée. Comment ne pas craindre que la nouvelle se répande ?

Avant d'atteindre le seuil de cet édifice, combien de fois risquais-je d'être accostée de la même manière ?

— Tu peux le reprendre. J'en ai fini.

« Quelle gracieuseté ! »

— Ta lettre d'employeur ? reprit l'agent masculin.

— Pardon ?

— T'as pas apporté ton bleu ? Ta lettre de congédiement ?

— Mais, je n'en ai pas, monsieur.

— Ben, ça me la prend pour t'admettre au BS.

Ce fut la goutte qui fit déborder le vase. J'aurais préféré mourir plutôt que d'aller dire à M. Untel ou à Mme Unetelle que j'avais besoin de leur licenciement écrit pour joindre les rangs des assistés sociaux.

— Il faudra que tu reviennes avec. Je peux rien faire pour toi aujourd'hui. En attendant, va remplir ton formulaire.

Il me semblait voir les sourires railleurs et entendre les réflexions désobligeantes m'escorter jusqu'à l'arrière de la salle. Si au moins cette visite avait été la première et la dernière. Je devais, hélas, me présenter une autre fois au comptoir des justiciers du BS.

Avec une moue de scepticisme, la deuxième agente que je rencontrai quelques jours plus tard éplucha mon dossier et l'assaisonna de questions si épicées que je ne sus quoi répondre pour ne pas encourir de refus.

— Tu peux partir, on va te rappeler.

Me rappeler, pourquoi ? Pour me remettre un chèque ou pour exiger d'autres preuves de ma pauvreté ? Je n'osai poser la question tant je craignais la réponse. Je dépendais désormais du système et des décisions de ses représentants. J'eus beau admettre qu'ils devaient faire leur travail, que plusieurs d'entre eux le faisaient avec respect, que des précautions devaient être prises pour déjouer les fraudeurs, je me sentais toujours comme une personne qu'on a classée au rang des inaptes. « L'estime de soi, ça se monte à pied et ça se descend en bicycle à gaz », me dis-je.

Je rentrai chez moi pour mieux m'emprisonner dans ma froide solitude. Combien de jours aurais-je encore à manger si je ne bénéficiais de l'hospitalité de Sylvie ? J'avais trop des doigts d'une main pour les compter. Dormir, dormir le plus longtemps possible pour fuir mon inutilité. Pour échapper à la conscience de ma chute. J'expérimentais que sans argent, on est vite dépossédé des plaisirs les plus naturels. L'angoisse et la honte nous assiègent jusque dans notre chambre à coucher et nous arrachent tout privilège, même celui de dormir.

Je savais devoir éventuellement faire le deuil de mes amitiés, convaincue que personne n'aurait le goût de demeurer ou de devenir l'amie d'une BS. Comme mes attentes envers mes anciens collègues s'étant révélées illusoires, ce deuil me semblait plus facile à faire. Ainsi, l'opération vacuum se ferait simultanément en moi et dans mon entourage, en attendant mon admission à la CAS, la confrérie des assistés sociaux. La confrérie des *in*. Les inutiles, les indignes, les inaptes, les indésirables, et quoi d'autre encore ? À quoi me servait-il donc de vivre ? Ne valait-il pas mieux pour moi, pour mes connaissances et pour la société, que je mette fin à ce spectacle dégradant ? À quoi bon multiplier les nuits d'insomnie ? À quoi bon subir une autre journée quand on sait qu'elle ne sera que plus morne que la précédente ? Malgré le support assidu de mon ami thérapeute, j'avais toujours mal et je n'en pouvais plus de traverser un tunnel sans issue. J'aurais voulu crier ce mal d'être, mais ce privilège aussi m'était interdit. Il ne fallait pas qu'on sache ! Ma détresse était si profonde que je ne pouvais plus savourer mes joies passées et apprécier le soutien qu'on m'offrait. Comme un animal qui se cache pour mourir, je partirais sans laisser de trace. Je songeai à différents scénarios que je faillis mettre à exécution à plus d'une reprise. La vigilance de mes amis et de mon thérapeute m'en empêcha chaque fois, jusqu'au soir où une parole blessante doublée d'une déception amicale me poussa à la recherche du pont le plus propice à m'assurer une mort instantanée. Je roulai une première fois sur chacun des trois ponts qui relient Montréal à la rive sud, pour les retraverser une deuxième, une troisième et une quatrième fois. Plus je les explorais, plus une angoisse indéfinissable m'étranglait. J'en vins à douter du moyen choisi pour partir sans douleur et sans risque de survie. Je m'arrêtai en marge d'une route, abandonnée à un vide si abyssal que je ne trouvais plus une larme pour y pleurer. Je choisis d'agoniser dans un endroit discret à l'abri de toute intervention. Comme une somnambule, et sans savoir pourquoi, je composai le numéro de téléphone de mon amie Lise Bérubé. Je n'eus pas à me nommer pour qu'elle devine qui l'appelait. Ma respiration hurlait ma détresse. Tout ce que je trouvai à répondre à la panoplie de questions de cette femme, folle d'inquiétude, fut:

— Je suis fatiguée… d'avoir mal. Je n'en peux plus.

Ses serments d'amitié comme ses exhortations à espérer en des jours meilleurs ne m'atteignaient plus. J'étais déjà morte. Une loque qui attend un dernier sursaut d'énergie pour passer à l'acte. Je savais que je pouvais mourir sans que personne en soit dérangé. Seule dans la mort ou seule dans la vie, où était la différence ? Il valait mieux partir et laisser les gens heureux vivre leur bonheur sous un ciel limpide, sans l'ombre de ma misère. Sans fausse pudeur. Sans crainte de m'offenser de leur aisance financière, de leurs projets de vacances. Tous pourraient respirer à pleins poumons sans me laisser l'impression de me priver du seul bien qui me soit encore accessible, mon oxygène.

J'aurais voulu que mon amie se taise. Chaque minute qu'elle m'accordait alourdissait ma dette et rendait encore plus indécent le spectacle de mon infortune. Je refusai de me rendre chez elle. Je lui promis, néanmoins, de retourner chez moi, là où ma petite chatte m'attendait. Je me réfugiai dans ma chambre et je n'en sortis que beaucoup plus tard, parce qu'il fallait bien en sortir un jour. L'extrême étonnement de Sylvie et les questions qu'elle me posa en rafale quand je quittai ma retraite m'agressèrent au lieu de me prouver l'intérêt qu'elle me portait. Avec le sentiment de me faire évincer de l'appartement que je partageais avec mon amie depuis plus de deux ans, je conclus, à tort, que je n'avais d'autre choix que de me chercher un autre logement. C'était une démarche périlleuse, soutenait mon entourage. J'en convenais, mais je présumais que l'instinct qui m'avait sauvé du suicide en cette nuit de décembre saurait me demeurer fidèle. Cet événement avait eu le mérite de me faire prendre conscience qu'il était temps que je me reprenne en main et, pour cela, que j'affronte la solitude et ma condition d'assistée sociale. J'éprouvais le besoin de me retrouver seule pour me reconstruire, ne serait-ce que sur mes ruines. Je nourrissais enfin un projet, le mien, celui de remeubler mon appartement et d'assumer ma pleine autonomie.

Les encouragements de mes amis et la pleine conscience que les quelques biens meubles que je possédais étaient le fruit de mon travail et de mes talents m'aidèrent à reprendre confiance en l'avenir. Je regardais ma petite chatte, ma fidèle compagne des bons comme des mauvais jours, et j'appréciais qu'elle soit là.

La présence discrète et chaleureuse de Maya, la fidélité de mes amis et mon expérience à Tel-Aide avaient sûrement contribué à mon sauvetage. Je n'avais pas tout perdu, contrairement à ce que j'estimais les mois précédents. Il me restait la santé, l'usage de mes cinq sens et une lucidité que j'avais conservée comme par miracle. Une lucidité qui avait, devais-je l'avouer, contribué à ma chute, mais que je pouvais récupérer pour m'accrocher à la vie. Je devais passer par la froide acceptation de ma situation de femme de cinquante ans, sans travail, sans argent, sans amour, sans parents et sans enfant.

S'il m'était encore pensable de donner, si démunie que je sois, c'est aux laissés-pour-compte que je voulais tendre la main pour offrir mon empathie. Mettre mon talent au service de plus démunis que moi m'apporterait juste assez de réconfort pour ne pas être trop malheureuse.

Devant la possibilité de refaire surface à nue, sans titre, sans escorte, avec pour seule offrande, ma vérité, je me sentais à la fois effrayée et attirée. Je pensais à la chenille qui, libérée de son cocon, peut enfin voler. Comme elle, je serai enfin libérée de l'obligation de coller à mon image, une image qui m'avait depuis quelque temps désertée. Je pourrais aller vers les gens avec mon cœur. J'avais su *faire*. J'allais désormais m'appliquer à *être*. Pendant les trente dernières années, je m'étais définie par mes réalisations, mes titres, mes agendas chargés. Je devais maintenant me définir par mes qualités, ma personnalité, mon originalité et ma marginalité. Une marginalité que je retrouvais aujourd'hui dans ma condition de fille cachée par sa mère. La main que je m'efforcerais de tendre désormais serait celle de Normay Saint-Pierre. Une main meurtrie par sa descente aux enfers, mais encore riche de ses passions et de ses triomphes. Cette descente n'avait pu me dépouiller de mon honnêteté, de ma générosité, de mon sens de l'organisation, de mon humour naturel et de ma grande capacité d'adaptation. S'en trouverait-il pour m'aimer désormais pour ce que j'étais devenue ?

Si j'avais réussi pendant près de vingt ans à amener le public vers les artistes, en quoi serait-ce plus difficile d'amener les artistes vers un public plus modeste, mais non moins capable d'appréciation et de gratitude ? Je commençai à regarder différemment la tâche d'engager des artistes pour les événements spéciaux. Comme par magie, des occasions se présentèrent. Des activités, aussi modestes que l'animation d'une foire commerciale, me redonnèrent confiance en mes talents.

Et comme s'il avait suffi que je dise oui à ma vérité, d'anciennes connaissances sortirent de l'oubli. Je compris non seulement que d'avoir lâché prise avait changé ma perception des événements, mais que cet abandon m'attirait d'heureuses faveurs du destin. M'exercer quotidiennement à redire ce oui m'apparut aussi indispensable pour ma santé mentale que l'insuline pouvait l'être pour la survie d'un diabétique. Si la pénurie d'emplois m'imposait d'avoir recours de temps à autre à la sécurité du revenu, je ne considérais plus cette nécessité comme une déchéance, mais comme un privilège accordé par notre société pour assurer un minimum de confort à chaque citoyen. Progressivement, les occasions de mettre mes talents à profit m'apparurent comme des marques d'estime sur lesquelles j'avais cessé de compter. De disgraciée, je redevenais graciée par les gens et par les événements. Un rien me comblait de joie. Consciente de mon état de convalescente, je savais devoir encore me protéger. Mais, contrairement à ce que j'avais fait toute ma vie, je me donnais la liberté de choisir. Je n'attendrais plus qu'on le fasse pour moi. Je découvrais qu'il pouvait être fort intéressant d'avoir la gouverne de sa vie, de se tenir au volant de sa propre voiture, ne serait-ce qu'une « minoune », au lieu de faire de l'auto-stop. Peut-être mon tour était-il venu de prendre quelqu'un à bord dans ma vie. De courir le risque de me faire répondre : « Non, merci beaucoup. » De regretter d'avoir ouvert ma porte, tout comme de me féliciter d'avoir pris une heureuse initiative.

Je constatais que, dans ma vie, « me laisser inviter », « jouer gagnante », « faire bonne impression », « être efficace », « faire grimper les cotes d'écoute » avaient pris la première place alors qu'« intimité », « attention à sa personne » et « prévoyance » avaient été relégués au dernier plan. Étais-je passée à côté de l'essentiel ?

Un virage s'imposait, et je dois avouer que ma descente aux enfers aura eu le mérite de me le faire prendre.

Je n'ai plus besoin des projecteurs pour trouver la vie belle et intéressante. Les clients d'une foire commerciale m'apportent autant de bonheur que le public dont je rêvais pour la Place des Arts ou le Stade olympique. Je me laisse éblouir par un témoignage de ténacité et de courage, mais je ne me laisse plus acheter par les titres et les réceptions. Enfin, j'ai compris. Il est illusoire et même très dangereux de se croire indispensable dans son milieu de travail, et tout autant de confondre relations de travail et relations amicales.

Fille de public, je le serai toujours, mais pas en fonction d'une image ou du rayonnement d'un réseau de télévision.

Fille de cause, je l'ai été et le serai toujours. Le plus modeste des organismes bénévoles mérite que je m'y consacre avec autant de passion, mais avec plus de lucidité que je ne l'ai fait sous les feux des projecteurs.

Le travail ne sera plus l'amour de ma vie.

L'amour et l'amitié sont les grandes valeurs dans lesquelles il vaut la peine de s'investir. Le succès est si éphémère.

Si enivrant et si grisant que puisse être le merveilleux monde du milieu artistique, jamais un micro, une caméra ou une ovation ne viendront te serrer dans leurs bras, le soir venu.

Je découvre que la vérité goûte la liberté. Que la précarité s'enrobe d'une saveur de solidarité. Et que le souci de soi cache un arôme dont je ne saurais plus me passer.

Vivre sa «petite vie» dans la fidélité à soi et aux autres peut être l'occasion de plus belles réussites que n'importe quel téléthon.

Faire ce que j'aime et apprécier chaque petit bonheur, telle est ma devise quotidienne.

Chapitre V

En 2011 me vint la chance de vous partager mon vécu, mes échecs comme mes réussites. Et c'est avec étonnement que je laissai jouer dans ma mémoire le film de ma vie. À la suite de mon renvoi du téléthon de la paralysie cérébrale, mon bilan, loin d'être négatif, affichait des gains imprévisibles, et ce, sur deux tableaux essentiels de mon existence : mon retour dans l'univers des médias et ma relation avec ma parenté biologique.

J'avais toujours été attirée par le monde de la radio, et je frappai aux bonnes portes pour y prendre place. Ainsi, de 1997 à 2006, je réalisai plus de cent cinquante émissions radiophoniques hebdomadaires traitant du thème des retrouvailles. Mon émission d'une heure, à laquelle collaboraient cinq personnes, dont une psychologue, permettait aux orphelins de diffuser leurs témoignages et de placer un avis de recherche directement sur les ondes. De plus, nous y accueillions de nombreux invités et le tout était rediffusé sur Internet. Plus de 60 000 personnes écoutèrent cette émission qui, pendant quelques années, fut commanditée par Mme Marguerite Blais.

Je me remis aussi à organiser des événements publics, telles des foires estivales sur la rue Masson, une soirée hommage à Mme Michèle Tisseyre au Casino de Montréal et une célébration des trente-cinq ans de vie artistique de la chanteuse Monique Saint-Onge au Medley.

Retour d'ascenseur, à l'occasion de mes soixante ans, un *surprise-party* des plus touchantes fut organisée par mon amie Chantal Germain et Francine, sa mère. La présence de plus de cent vingt personnes, dont Michel Louvain, ma toujours fidèle Lise Le Bel, la chanteuse Claude Valade, les anciens collègues de Télé-Québec, les membres du Mouvement Retrouvailles, les gens des festivités du boulevard Masson, me renversa. La projection de vidéos résumant mes trente dernières années me fit aussi revivre des moments merveilleux. De nombreux témoignages d'amitié et de reconnaissance mirent un baume magique sur mes blessures dont les causes furent tant personnelles que professionnelles. Je découvris que j'avais encore un bon nom dans le milieu artistique et que, de ce fait, de belles années m'étaient toujours réservées. Ainsi me sentis-je légitimée de nourrir d'autres projets. L'un d'eux se titrait *Mémoires vives* : une série de rencontres avec des personnes âgées, enregistrées et conservées pour les générations futures. Alors que je menais déjà des entrevues à la radio pour le regroupement Ridé mais pas fané, je repris aussi l'antenne avec une émission portant sur les retrouvailles : *Loin des yeux près du cœur*.

Maintenant, je porte un regard plus indulgent sur ma vie. Je trouve même plus d'une raison d'être fière de ce que je suis devenue ; partie dans la vie sans famille et donc sans ancrage, j'ai dû me construire au gré de mon instinct. Je suis fière aussi de m'être laissé guider par ma passion pour le monde artistique et d'y avoir fait ma place en dépit de mon manque de préparation et d'instruction. Fière d'être restée les deux pieds sur terre. Fière de n'avoir jamais été esclave des convenances. Fière d'être reconnue comme une personne d'écoute et de bons conseils. Fière de n'avoir jamais eu d'ennemis.

Si je devais exprimer des regrets, ce serait de n'être pas plus instruite et d'en subir les conséquences tous les jours. Mais plus encore, ce serait d'avoir perdu, faute d'avoir su les aimer adéquatement, mes deux amours, les deux seules personnes pour qui j'ai brûlé de passion. Habitée par la peur du rejet, j'ai chaque fois mis fin à ma relation de peur qu'on ne le fasse avant moi. Ces échecs me laissent croire qu'on ne guérit pas du rejet : on apprend seulement à vivre avec. Étrangement, c'est à soixante-cinq ans que je ressens le plus le besoin d'être adoptée.

Pour avoir connu les méfaits des dissimulations et des mystères, je m'engage à marcher dans la transparence sur le sentier qu'il me reste à parcourir. J'aimerais arriver à n'avoir plus d'attentes, mais je doute de pouvoir me libérer de ce besoin d'être entourée d'une famille. De ma famille.

Les recherches de mes origines entamées en 1984 m'ont rapprochée de mon but sans me satisfaire totalement. Oui, j'ai retrouvé ma mère, je lui ai parlé, je l'ai rencontrée, mais je ne fus pas admise dans sa famille. Je me suis demandé si, à force de patience, de fidélité et de persévérance, elle m'ouvrirait grand les bras pour que je goûte enfin l'amour d'une mère pour sa fille ? Elle ne pouvait pas ne pas en éprouver. Elle me parlait de mes frères et sœurs, mais surtout de ses petits-enfants, avec tant d'affection. La honte et la culpabilité auraient-elles à ce point étouffé en elle des sentiments aussi naturels que ceux qui lient une mère à son enfant ? Et si, depuis quarante ans, son plus grand combat avait été de m'extirper de sa chair et de sa mémoire ? À cinquante-neuf ans, elle était peut-être sur le point de gagner la bataille quand je fis une entrée inattendue dans son univers. Sa réticence à me contacter, son besoin de le faire dans la plus grande discrétion, ses appels téléphoniques placés à l'insu de ses proches me portaient à le croire. J'aurais tant voulu connaître ce qui l'animait dans cette fidélité à me téléphoner tous les deux samedis soir à dix-neuf heures, aussitôt que son mari était parti pour assister à la messe ! À mon grand regret, elle ne s'informait de moi que pour me demander des nouvelles de mon travail. Jamais de moi. Aucune émotion ne semblait l'habiter sauf lorsqu'elle parlait de ses petits-enfants. À trois reprises, toutefois, ses propos semblèrent venir du fond de son cœur. Ainsi, à quelques jours de Noël, elle me dit :

— J'aimerais donc que tu sois avec nous pour le temps des Fêtes.

— Moi aussi, lui ai-je répondu, espérant secrètement qu'elle m'invite.

Comme l'invitation ne vint pas, je me demande encore pourquoi elle m'a exprimé ce désir. Le même mystère enveloppa l'annonce du décès d'une de ses sœurs, qui habitait Montréal et dont elle était proche. Je sentis cette fois qu'elle avait du chagrin.

Je m'attendais à ce qu'elle me donne des informations sur les funérailles à venir, mais rien. « Un autre avortement », m'étais-je alors dit.

La troisième fois qu'elle m'a exprimé des sentiments, ce fut en 1997, après que je lui ai fait parvenir une ébauche de ma biographie.

— Je l'ai lue et relue. Je l'ai beaucoup aimée. J'ai pleuré. Je n'avais jamais pensé que tu avais pu avoir eu tant de misère à certains moments de ta vie. Tu m'avais dit que tu avais eu de bons parents adoptifs… me dit-elle au téléphone.

Il y avait tellement de non-dits dans ses messages. De mon côté, de peur de l'indisposer, je n'osais pas la questionner. Je croyais devoir me satisfaire de ce qu'elle me donnait, dans l'espoir qu'elle s'ouvre davantage avec le temps. Plus encore après m'être livrée comme je l'avais fait en lui dévoilant un pan de ma vie.

Ces deux années de conversations bimensuelles assidues prirent fin brutalement. Je crus bon recourir à la correspondance postale, mais en vain. Présumant qu'elle avait pu changer d'adresse, je me suis ensuite rendue à L'Île-Perrot, où elle résidait, pour constater que le nom mentionné sur la boîte postale était le même qu'avant : le sien. Je crus alors que la maladie ou celle de son mari avait pu l'empêcher de communiquer avec moi… temporairement.

Je continuai de lui adresser du courrier, lui rappelant ma nouvelle adresse, pour découvrir en mars 2002 qu'elle avait déménagé. Compte tenu de ses soixante-quinze ans, je supposai qu'elle avait élu domicile soit chez un de ses enfants, soit dans une maison pour personnes âgées. J'entrepris alors de téléphoner dans toutes les résidences de sa région, sans négliger celles de Montréal : peine perdue. Toutefois, j'étais encore habitée par l'espoir de la retrouver. Mon radar se fixait sur toute dame de son âge et de sa taille que j'apercevais dans la rue ou des endroits publics. Cent fois j'ai imaginé nous retrouver face à face, tomber dans les bras l'une de l'autre et repérer un petit coin discret pour faire le bilan des mois de silence passés. Dans mon for intérieur, je croyais avoir droit à ce privilège. Mais ma confiance s'effrita au gré des semaines. Par instinct ou par lucidité, je pris l'habitude de consulter les pages nécrologiques du *Journal de Montréal*. J'en fis mention à une amie, qui me dit :

— Je peux te trouver ça sur internet. Donne-moi son nom et sa date de naissance.

Cinq minutes plus tard, j'apprenais que ma mère était décédée le 13 octobre 2002 sans que j'aie pu lui prendre la main, caresser son front, échanger un ultime au revoir. Mon désarroi céda vite la place à une peine profonde.

J'avais cinquante-sept ans. En me quittant sans m'avoir présenté à ses autres enfants, j'eus le sentiment que ma mère me privait de toute possibilité d'avoir enfin une famille. Ma famille. Or, contrairement à la croyance populaire, plus j'avançais en âge, plus j'en ressentais le besoin. Tout mon être réclamait cet amour inconditionnel que seule une famille peut donner. La douleur du rejet sous toutes ses formes ressurgit, plus intense, plus lancinante. La cicatrice à vif, je m'attachai de plus en plus aux personnes avec qui je travaillais, à celles que j'avais connues, aux amis qu'il me restait encore. Tout pour ne pas vieillir seule. En m'investissant dans mes relations amoureuses, je crus éviter ce malheur. Avec le recul, je comprends pourquoi j'ai raté la cible. J'aimais avec retenue et à temps partiel. De plus, un virus insidieux contaminait toutes mes relations affectives : « Si ta mère t'a abandonnée, n'importe qui peut le faire », me disais-je. De là mon besoin de me protéger pour ne pas avoir trop mal. Je m'aveuglais et je m'étourdissais dans le travail. Mais en même temps, j'allais d'échec en échec sur le plan affectif.

En 2007, cinq ans après le décès de ma mère, le destin, si on peut l'appeler ainsi, me rattrapa inopinément. En octobre, j'acceptai de donner une entrevue dans la revue *Le Samedi*. Une fois de plus, je livrai au grand public les événements marquants de ma vie. Cet article, accompagné de ma photo, fut publié en décembre de cette même année. Un épicier des Cantons-de-l'Est le lut et le montra à Clara, son épouse.

— C'est la fille de notre voisine de Bonaventure !

Apprenant que je serais à la radio le lendemain, Clara demanda à me parler.

— Une des sœurs de votre mère vit encore et elle habite à Bonaventure. Je vais lui téléphoner et lui envoyer un exemplaire de la revue, me dit-elle, me promettant par la même occasion de me faire un compte rendu de cet appel téléphonique.

Je replongeai vite dans le climat d'attente et de fébrilité que j'avais connu dans les années 1980. La peur d'être à nouveau déçue et blessée était aussi forte que mon désir de tenter une autre chance d'entrer dans cette famille : la mienne. Je devais me préparer tout autant à un refus qu'à des révélations troublantes.

En janvier 2008, Clara m'apprenait que ma tante était contente de cette découverte et qu'elle m'autorisait à lui téléphoner. La joie embrouilla mon esprit. Les questions se bousculèrent dans ma tête. Mes doigts tremblèrent sur le clavier du téléphone. Une voix tout en douceur me répondit.

—Merci, madame, d'avoir accepté de me parler, lui dis-je d'abord.

La tante de quatre-vingt-trois ans ne me cacha pas son étonnement.

—J'ai été renversée d'apprendre que ta mère t'avait retrouvée et qu'elle ne m'en avait pas parlé. Je croyais que nous étions proches l'une de l'autre. J'ai été la seule à la visiter à l'hôpital après ta naissance. Chaque fois que je regardais l'émission de Claire Lamarche, je me demandais si je n'allais pas apercevoir une jeune femme née en 1945 et qui aurait eu des airs de famille avec nous.

—Comment expliquez-vous que ma mère vous ait fait cette cachette ?

—Elle était une femme très fière, orgueilleuse, même. Peut-être que le fait de parler de toi lui faisait encore vivre la honte. Mais je n'en reviens toujours pas. Si tes sœurs et ton frère savaient ça !

—Pensez-vous que ça viendra ? lui demandai-je, on ne peut plus nerveuse.

—C'est difficile à dire…

—Est-ce que je pourrais vous téléphoner une fois par semaine ?

—Avec plaisir, Normay.

Cette première conversation téléphonique ne dura qu'une quinzaine de minutes. La timidité et la prudence en avaient donné le ton. Mais, de semaine en semaine, l'aisance s'installa au point que j'osai quémander à ma tante Yolande la faveur de la rencontrer. Je fus exaucée. Je me sentis alors comme une petite fille devant un cadeau de Noël. J'aurais voulu me rendre auprès d'elle sans plus tarder.

En juin de cette même année, mon amie Thérèse et moi prîmes la route pour Bonaventure. J'avais demandé à cette femme, comme moi adoptée, de m'accompagner. J'avais besoin de la présence d'une amie respectueuse, discrète et de bon jugement. Après de longues heures de voiture, nous avons pris une chambre à Caplan, non loin de Bonaventure, et avons décidé d'attendre au lendemain pour informer tante Yolande de notre arrivée. Il nous sembla même judicieux de l'en prévenir, dans la matinée suivante, par la livraison d'une gerbe de fleurs. Tante Yolande nous rejoignit pour le dîner à L'intrigue, un petit restaurant situé en face du motel où nous logions. D'allure fière mais décontractée, elle meubla la conversation de propos légers, nous racontant notamment des anecdotes de ses voyages. Elle ne fit aucune allusion à ma mère. Le repas terminé, elle nous invita à souper chez elle le lendemain soir. Que de surprises! Que d'émois! En entrant dans sa maison, je reconnus les meubles qui m'avaient impressionnée lors de ma première rencontre secrète avec ma mère à L'Île-Perrot.

C'était donc chez Yolande qu'elle m'avait donné rendez-vous avant que cette dernière déménage à Bonaventure. Deux autres personnes comptaient parmi les convives : Georgette, une amie gaspésienne, et Monique, la voisine et belle-sœur de tante Yolande, celle qui habitait la maison où ma mère avait grandi. Sa présence me distrayait des récits de voyages de tante Yolande. Je n'avais qu'une idée en tête : mettre le pied dans cette maison. Dans la matinée du lendemain, j'en poussai la porte comme si c'était la mienne, tant j'avais le sentiment d'entrer chez moi. Je pus me promener dans toutes les pièces, tentant, dans l'une et l'autre, d'y imaginer ma mère, enfant. La visite terminée, j'allai d'instinct m'asseoir dans une des sept chaises berçantes qui meublaient le salon : celle de ma mère, m'apprit-on. Les mots me manquaient pour traduire ce que je ressentais. J'avais l'impression d'être venue à un rendez-vous que le destin m'avait fixé dès ma conception. C'est dans cette maison que ma mère avait vécu son drame, d'abord en secret, pour devoir ensuite aller terminer sa grossesse en catimini à Québec. C'est dans cette maison qu'elle était revenue les bras vides et le cœur lourd. Dans l'ambiance de cette demeure, je ressentis plus que jamais la détresse de ma mère. Lui pardonner d'avoir souhaité tourner la page à tout jamais sur ce drame de sa jeunesse me devint plus facile.

Des trois jours passés à Bonaventure, jamais je ne me suis trouvée seule avec tante Yolande. Je le déplorai, regrettant de n'avoir pu la questionner davantage. Par contre, nous nous sommes promis de poursuivre nos conversations téléphoniques. Cette femme engagée dans les quatre-vingts ans s'était montrée encore plus agréable qu'au téléphone. Cultivée, joviale, amoureuse des voyages, elle dégageait une jeunesse que je lui enviais. Je lui souhaitai de vivre encore longtemps pour que j'aie le bonheur de la recevoir chez moi.

Et deux ans plus tard, je lui ouvris effectivement les portes de mon domicile de Laval. Des moments inoubliables pour moi. Je la regardais se bercer et j'éprouvais le même bonheur que si j'eus tenu dans mes mains un billet de loterie gagnant. C'est lors de ce séjour chez moi que tante Yolande m'a appris que ma sœur cadette, la première à avoir été conçue dans le cadre du mariage, avait vécu le même drame que ma mère. Violée, elle avait toutefois obtenu l'immense privilège de garder son enfant. Cette nouvelle me bouleversa. Je me plus alors à penser que ma mère avait ainsi soulagé sa peine de n'avoir pu me reprendre à la crèche. Qu'elle m'avait vraiment aimée. M'avait-elle porté un amour inconditionnel ? Son refus de m'intégrer dans ma famille me permit d'en douter. Cette petite-fille avait-elle compensé mon absence ? Je ne le souhaitais pas. Tout mon être réclamait de prendre sa place dans cette famille. Le désir d'avoir des frères et des sœurs, de les rencontrer, de partager avec eux ce qui me reste de ma vie me hantait. Habitée d'un sentiment d'urgence, je ne pouvais me résigner à les voir mourir avant nos retrouvailles. Une possibilité s'offrait à moi par l'intervention de tante Yolande auprès de ma sœur Hélène et je m'y accrochais pour maintenir la petite flamme d'espoir qui brûlait encore dans mon cœur.

Coup de théâtre, en août 2011, un appel téléphonique de tante Yolande m'annonçait qu'Hélène était venue la visiter.

— Je lui ai appris ton existence et elle est disposée à te rencontrer, me dit ma tante, sans plus de détours.

Cette nouvelle me fit m'envoler au septième ciel. Je la souhaitais depuis si longtemps !

Hélas ! ces premiers moments d'enthousiasme furent vite balayés par l'inquiétude. « Comment agit-on envers ses frères et ses sœurs ? J'ai soixante-cinq ans, j'ai vécu nombre d'expériences, sauf celle d'avoir une famille. Nous allons faire connaissance, mais allons-nous nous entendre ? De quoi parlerons-nous ? Nous n'avons pas de souvenirs à partager. Est-ce que je vais reconnaître une parenté entre eux et moi ? Entre eux et notre mère ? J'ignore même leur apparence physique. »

Le jour J, je donnai d'abord rendez-vous à Hélène dans un lieu public, avec l'intention de l'inviter chez moi si le contact était bon. Jointe par téléphone, elle se montra très agréable. Nous allions donc nous retrouver dans un restaurant d'un centre commercial de Laval.

Arrivée à l'avance, je décidai d'attendre ma sœur à l'extérieur. J'observais toutes les femmes qui descendaient de leur voiture, les éliminant l'une après l'autre, jusqu'à ce que j'en voie venir une vers moi, le pas décidé, le regard rassuré et... les bras ouverts pour m'embrasser. Qu'Hélène m'ait abordée avec autant de cordialité m'inspira une confiance qui fut réciproque. Elle me parlait avec aisance et je mis peu de temps à comprendre avec quel étonnement elle avait appris ce que notre mère avait vécu en silence. J'avais souhaité que cette rencontre soit l'occasion d'en découvrir beaucoup au sujet de celle qui m'avait donné la vie, et je fus exaucée. C'est donc comme les deux sœurs que nous étions que nous avons quitté le restaurant pour mieux poursuivre cet entretien dans mon appartement.

Hélène me confia lors d'une seconde rencontre :

— Je ne comprends pas que maman m'ait caché ce secret. Elle avait eu deux belles occasions de m'en parler. D'abord, quand je lui appris que j'étais enceinte et que je voulais garder mon bébé. Aussi, lorsqu'elle est venue me chercher à l'hôpital avec ma fille. Serait-ce qu'elle ne me faisait pas assez confiance ? J'en ressens beaucoup de tristesse. J'étais si proche de ma mère. Je lui racontais tout. Pourquoi est-elle partie avec ce fardeau sur les épaules ? La peur des jugements était-elle plus grande que son besoin de libération ? Il m'arrive de penser qu'elle a pu chercher à nous en parler et que nous n'avons pas saisi l'occasion. Je repense à ces papiers d'adoption qu'elle avait laissés à ma vue pendant quelques jours quand j'avais une douzaine d'années. Je me suis demandé si ce n'était pas pour m'apprendre que j'étais adoptée… Je n'ai pas eu le courage de lui poser la question. J'ai été aussi très peinée d'apprendre qu'en 2005, tu avais été déboutée dans tes démarches pour nous rencontrer, tes sœurs et ton frère. Je ne me souviens pas d'avoir reçu d'appel d'une travailleuse sociale. Si on a tenté de m'approcher à ce sujet, j'ai dû croire qu'on faisait erreur sur la personne et je n'ai pas donné suite aux demandes qui m'étaient faites. Je pense que si tu m'avais toi-même contactée, j'aurais voulu te connaître.

Je déplore tellement de ne pas t'avoir connue plus tôt. Dès notre première rencontre, j'ai tenu à te serrer dans mes bras parce que je savais que maman ne l'avait pas fait. Ce premier contact fut si agréable que je souhaitai tout de suite qu'il y en ait plusieurs autres.

En ta présence, je ne me lasse pas de t'observer. Tu es ma sœur, je n'en doute pas. Savais-tu que tu tiens ta cigarette comme notre mère la tenait et que tu as le même tic qu'elle, celui de jouer avec tes ongles ? J'aimerais te recevoir chez moi à Noël. J'ai hâte de te présenter à ma famille, mais je sais que tu n'es peut-être pas prête à cela et je le respecte. Je suis si heureuse de te connaître. Enfin, j'ai une grande sœur. Et tu m'inspires une telle confiance !

Normay, tu es un grand cadeau pour moi, et je ne le changerais pour rien au monde.

Quant à notre mère, je lui pardonne de tout mon cœur.

Une semaine plus tard, je fis la connaissance de Carole, la jeune sœur d'Hélène, et aussi la mienne… Nous avons passé plus de quatre heures ensemble, et ses paroles me touchèrent droit au cœur :

— D'apprendre ce que notre mère a vécu a été un grand choc pour moi. De son vivant, elle n'a donné aucun indice de ce drame. Cette découverte m'a mise en colère. J'étais d'autant plus fâchée qu'à mon insu, elle t'avait rencontrée chez moi alors que j'étais au travail. Comme j'étais travailleuse autonome, j'aurais pu revenir à n'importe quelle heure et vous surprendre ensemble. Y avait-elle pensé ? Aurait-elle pris ce risque... pour être libérée de ses secrets avant de mourir ? Il m'arrive de penser qu'elle a eu l'intention de le faire. Sinon, pourquoi aurait-elle laissé dans un livre de recettes une lettre que tu lui avais adressée en 2002 et dans laquelle tu lui exprimais ton inquiétude quant à son silence ? J'ai lu cette lettre. Tu la terminais en réitérant à notre mère tes sentiments affectueux. S'y trouvaient aussi ton adresse postale et ton numéro de téléphone. Quand je l'ai trouvée au fond d'une caisse de livres, ton nom ne me disait rien, et je lui ai porté trop peu d'attention. Ce n'est qu'après avoir appris ton existence que je l'ai relue attentivement. C'est alors qu'elle a pris un tout autre sens pour moi. Si je m'y étais arrêtée en 2002, ma curiosité aurait été piquée et qui sait si je ne t'aurais pas téléphoné ?

Je déplore tellement que notre mère nous ait laissés avec une multitude de questions pour lesquelles nous n'aurons jamais de réponses.

J'ai rencontré Carole plus d'une fois, toujours avec bonheur, heureuse de sentir que je lui tenais à cœur et que mon histoire ne la laissait pas indifférente. Un jour, elle m'a dit :

« Heureusement qu'il y a tante Yolande ! Elle nous a bien préparées à nos retrouvailles. La lecture d'une première version de ton témoignage a été pour moi une découverte extraordinaire. J'y ai reconnu la manière d'agir de notre mère, comprenant un peu plus pourquoi elle était parfois si songeuse, si discrète, mais j'ai ressenti beaucoup de peine pour toi. Tu es courageuse. C'est admirable que tu respectes tant les volontés de notre mère, même après sa mort. J'ai eu de la peine aussi pour mon père qui, connaissant le passé de notre mère, a été mis à l'écart, même lors de tes retrouvailles avec maman. Énervée par cette histoire, je suis allée au cimetière pour me défouler.

La première fois qu'on s'est rencontrées, ça m'a fait un drôle d'effet de voir les photos de ma mère dans ton album, et son nom dans l'article de la revue qui a été livrée à tante Yolande.

Même si toute ma famille a bien hâte de faire ta connaissance, on ne veut rien bousculer. On comprend que tu as passé la plus grande partie de ta vie sans frères et sœurs, sans compter les beaux-frères, belles-sœurs, neveux et nièces. Nous souhaitons que tu fasses partie intégrante de notre famille et, si tu le veux, tu seras avec nous pour les fêtes de Noël et du jour de l'An. En attendant, chaque semaine, j'écoute avec un grand intérêt ton émission radiophonique. Je remarque que la plupart des recherches se font pour retrouver la mère biologique ; je souhaiterais qu'on parle davantage des frères et sœurs.

Si on avait su que tu existais, on aurait fait des démarches pour te retrouver, même si notre mère n'a pas voulu te présenter à nous.

Je suis touchée que nos rencontres se fassent dans le plus grand respect, sans rien cacher, ni à nous ni aux autres. Ma sœur et mon frère me font part de leur contact avec toi tout naturellement et sans mesquinerie. »

Quand vint le temps de faire la connaissance de mon frère, j'étais prête à le recevoir chez moi. Pierre avait apporté des photos de lui et de notre mère. J'ai compris que c'était un moyen pour lui de parler de sa difficile relation avec elle. Puis, tout de go, il m'a demandé si j'avais peur de vieillir seule. La question m'a étonnée. J'ai imaginé que c'était son propre sentiment qu'il venait d'exprimer. J'ai aimé l'humour avec lequel il me nommait «sœurette», ce qui m'incitait à le nommer «frérot».

Interrogé sur ses réactions après que ses deux sœurs lui ont appris qu'il avait une grande sœur, il a répondu avec humour:

— Ce n'aurait pas pu être un frère, non?

Plus sérieusement, il m'a confié:

— J'ai ressenti de la colère à l'égard de notre mère. Je n'avais pas une très bonne relation avec elle. À sa place, j'aurais été fier d'avoir mis au monde une personne intelligente, débrouillarde et courageuse comme toi. Je l'aurais présentée à ma famille. Faut-il croire qu'elle n'en a jamais trouvé la force?

J'étais touchée par les paroles de mon frère; il semblait vraiment avoir mon existence à cœur. Il a ajouté:

— Curieusement, toi et moi, nous nous ressemblons beaucoup. Physiquement: mêmes yeux, même menton et même rire. Psychologiquement: une volubilité, un dynamisme et un penchant pour l'humour qui s'apparentent. Cela dit, je suis disposé à respecter ton rythme et tes choix quant à ton insertion dans notre famille. J'ai su que tu allais publier ta biographie. Je tiens à te remercier de nous apporter des réponses en le faisant.

Noël 2011 allait nous combler de bonheur, moi et les membres de ma famille. Vingt-cinq personnes m'attendaient chez Hélène, les bras grands ouverts. Un toast fut porté en mon honneur.

—Bienvenue dans ta famille, Normay!

L'émotion était palpable. J'avais eu tort de m'inquiéter des propos qui seraient échangés lors de cette première rencontre avec tous les miens, des gens de toutes les générations. Personne ne me questionna ni sur les circonstances de ma naissance, ni sur mon adoption, ni sur mes recherches pour retrouver une famille.

De retour chez moi après cinq heures d'échanges courtois et chaleureux, je me revis me préparant à retrouver ma famille biologique, imaginant les mille et une choses que j'allais leur dire, toutes ces questions qui avaient germé dans ma tête depuis des décennies et que j'allais enfin pouvoir leur poser. Pourtant, une fois devant eux, j'étais restée sans voix, comme si notre simple présence prenait toute la place, qu'il n'était plus nécessaire de parler. «À quoi toutes ces cachettes ont-elles servi?» me demandai-je aussi.

Au terme de ces premières rencontres, je constatai que je ne m'étais pas encore parfaitement adaptée à ma nouvelle réalité familiale. Je suis incapable de dire spontanément « notre mère », « mon frère », « mes sœurs ». Pour cause, je les connais depuis trop peu de temps pour juger de nos affinités. Elles sont à découvrir. Le lien affectif n'est qu'à l'état embryonnaire et il ne faut pas le forcer. De part et d'autre, nous avons besoin de temps. Eux pour revoir le film de leur existence dans une perspective nouvelle. Moi, pour corriger certaines perceptions que j'ai pu avoir de cette femme en qui je ne me reconnais pas encore. Il faut dire que je ne l'ai rencontrée qu'à deux reprises et que chaque fois que j'ai voulu parler de moi, elle a fait diversion. Bizarrement, je m'identifie plus facilement au parrain de ma mère, Bona Arsenault, le politicien volubile et fervent communicateur qui l'a aidée à se rendre à Québec pour m'y donner vie.

Je n'oublierai jamais le choc que ma mère m'a causé quand elle m'a dit : « Tu as été chanceuse d'être adoptée. » Je me demande encore ce qu'elle voulait dire et pourquoi elle m'a dit une telle chose.

Plus d'une raison m'incite à publier mon témoignage. D'abord, pour que les femmes qui ont gardé le secret de leur grossesse hors mariage sachent qu'il y a toujours quelqu'un qui le connaît, ce secret, et qu'elles gagneraient à le confier. De plus, je rêve au jour où les lois québécoises seront modifiées afin d'y retrancher la notion de confidentialité dans les dossiers d'adoption. Il est injuste que le *Code civil* et la *Loi sur la protection de la jeunesse* permettent, encore aujourd'hui, au parent biologique de posséder à lui seul le droit de refuser ou d'accepter la demande de son enfant en ce qui a trait à son identité. N'est-il pas inconcevable qu'en 2012, dans une société démocratique, ce droit du parent biologique perdure au-delà de sa mort ? Le gouvernement se doit aussi d'inclure dans sa loi les responsabilités du parent biologique quant aux démarches identitaires de son enfant confié à l'adoption.

Enfin, je souhaite que les mères acceptent les retrouvailles, mais qu'elles ne se limitent pas à une ou deux rencontres déculpabilisantes, risquant ainsi d'envenimer la blessure au lieu de la guérir.

À titre d'enfant adoptée, je fais de tout cœur appel à toutes les mères biologiques qui ont dû confier un enfant à l'adoption, mais je fais également appel à tous ceux qui, enfants, y ont été confiés. Il est important pour les deux parties de renoncer à leur droit abusif à la confidentialité. La mère qui désire savoir ce qu'est devenu ce petit être abandonné aux autorités a le droit d'en être informée.

Je souhaite que le récit de ma vie, d'une vie perturbée par le sentiment d'abandon, mais où ont toujours dominé la passion et le goût de vivre, aide cette cause.

ÉPILOGUE

L'arrivée au cap des soixante-cinq ans est souvent l'occasion d'un virage dans la vie. Et comme personne ne peut prédire si ce tournant sera le dernier, il vaut mieux ne pas le rater. Je souhaite à ceux et celles qui m'ont accompagnée dans ce premier tour de piste de trouver sur leur route empathie, sérénité et espoir. Un espoir fondé sur la conviction que chacun porte en lui les matériaux nécessaires à son édification ou à sa reconstruction.

Je veux fermer cette boucle par la publication, si modeste soit-elle, d'une histoire qui, loin du cinéma hollywoodien, ne se termine pas dans l'apothéose.

J'entreprends un nouveau tour de piste en vous faisant la promesse de ne plus jamais redire : « J'aurais donc dû mourir p'tit bébé. »

Normay Saint-Pierre